Eddie was born in Puerto Rico on 13 March 1950. At an early age, he showed signs of great interest in crafts and writing. Although he had no problem developing his talents as a stained-glass artist, a chemical imbalance in his brain stunted his growth as a writer. At age 16, he wrote his last poems and quit writing. At the age of 28, he began to flourish as a glass artist and after 46 years of hard work, he is recognised as Puerto Rico's foremost stained-glass and mosaic artist. In 2002, his brain's chemical imbalance was diagnosed and medication was used to correct it (serotonin inhibitor) and since then he has regained his talking and writing skills and is now a prolific writer/artist having published two poetry books, three art books and two novels.

To my wife Mari, and to the millions of victims of gender violence.

Eddie Ferraioli

DIOSAS/GODDESSES

The quest for gender equality
Tras la esperanza dela igualdad de genero

AUSTIN MACAULEY PUBLISHERS®
LONDON * CAMBRIDGE * NEW YORK * SHARJAH

Copyright © Eddie Ferraioli 2024

The right of Eddie Ferraioli to be identified as author of this work has been asserted by the author in accordance with sections 77 and 78 of the Copyright, Designs and Patents Act 1988.

All rights reserved. No part of this publication may be reproduced, stored in a retrieval system, or transmitted in any form or by any means, electronic, mechanical, photocopying, recording, or otherwise, without the prior permission of the publishers.

Any person who commits any unauthorised act in relation to this publication may be liable to criminal prosecution and civil claims for damages.

The story, experiences, and words are the author's alone.

A CIP catalogue record for this title is available from the British Library.

ISBN 9781035865604 (Paperback)
ISBN 9781035865611 (Hardback)
ISBN 9781035865628 (ePub e-book)

www.austinmacauley.com

First Published 2024
Austin Macauley Publishers Ltd®
1 Canada Square
Canary Wharf
London
E14 5AA

Thanks to Gizelle Borrero (editor), Carlos Lopez (graphic artist), Johnny Betancourt (photographer), Marjorie Ferraioli (chief translator) and Aurea Torres (translator).

Con el paso del tiempo...
con más intensidad,
con más pasión,
Mari.
With the passing of time...
with more intensity,
with more passion,
Mari.

Cuando el año pasado, 2017, las mujeres gritaron 'BASTA' y surgió el movimiento #MeToo, vi en esa reacción estridente que emanó del vientre de cada mujer el mensaje de mi libro 'Vírgenes'. Publicado en el año 2008, fue mi reacción—también estridente—que brotó de mi conciencia como artistay escritor horrorizado por la ola de asesinatos de mujeres a manos de sus compañeros-predadores. Diez años han trascurrido desde que se publicó por primera vez su mensaje que hoy está más vigente que nunca. Lo que comenzó como un pequeño susurro de 'Vírgenes' es ahora un rugido de 'Diosas'. Para todas esas 'Diosas' a lo largo y ancho del planeta que rugen contra un sistema que las penaliza por haber nacido mujeres les presento mis 'Diosas', un humilde eco de ese trascendental BASTA.

Last year in 2017 when women shouted 'ENOUGH' and the movement #MeToo arose, I saw, contained in that striking reaction that emanated from the womb of every woman, the message embedded in my book *Virgins*. Published in the year 2008, it was my visceral reaction that sprang from my conscience as an artist and writer horrified by the wave of women murdered at the hands of their partners-predators. Ten years have transpired since it was first published and its message is more present than ever. What started as a whisper of 'Virgins' is a roar of 'Goddesses.' For all those 'Goddesses' that span the lengths and widths of our planet, who roar against a system that penalises them for being born women, I present you my 'Goddesses,' a humble echo of that transcendental Enough.

Al Grupo Ferraioli...
A la Divina Inspiración,
por permitirme ser el artífice de sus creaciones.
A Mari, mi esposa, primer cedazo de todo lo que escribo.
A mi hermana, Mayita, segundo cedazo.
A la editora de mis libros, Gizelle Borrero,
así como a sus hijas y colaboradoras:
Fana, Bianka, Anya y en especial a Aura,
asistente editorial de Divinas Letras
y último cedazo de esta obra.

To the Ferraioli Group...
To the Divine Inspiration,
for allowing me to be the artifice of its creations.
To Mari, my wife, the first sifter of everything I write.
To my sister, Mayita, second sifter.
To the editor of my books, Gizelle Borrero,
as well as her daughters and collaborators:
Fana, Bianka, Anya and especially to Aura,
editorial assistant of Divinas Letras
and last sifter of this work.

Unas Palabras Preliminares

Nací escritor...esta antología de mis cuatro primeros libros—el poemario Vírgenes eróticas y ángeles lascivos; la obra homenaje a la mujer, Vírgenes; la colección de versos para cada día inspirados en la poesía japonesa, Mosaikus: Palabras de Cristal; y mi primera novela publicada por Divinas Letras, Semillas amargas: Tras la esperanza del oro negro—son la prueba fehaciente de mi vocación por la escritura. Lo único que queda de mis primeros escritos, donde comencé a expresar mis sentimientos, es una nota dedicada a mi mamá cuando yo tenía apenas seis años de edad, que dice así:

'Madre mía, hoy y siempre viviré para hacerte feliz. Las madres son los ángeles de Dios en la tierra y tú, Mamita, eres mi ángel'. (Miramar, Puerto Rico, 1956)

Dejé de ser escritor cuando—como resultado de una crisis emocional paralizante—perdí el verbo, precisamente durante esa etapa de mi niñez. Pero hace quince años, tras casi cinco décadas de relativo silencio, comencé a recuperar la palabra hablada y escrita con fluidez. En esta etapa de mi vida, nada me apasiona más que hacer uso del don de escribir que el universo me ha permitido retomar. Pero más importante aún es llegar al convencimiento de que cuando escribo, al igual que cuando trabajo el cristal, no soy necesariamente un escritor o un artista con talento. Soy simplemente un interlocutor de las musas, de algo que está fuera de mí y lo hago mío; solo lo transmito. En tiempos antiguos, a los árboles se les tenía en alta estima porque se decía que ellos eran la conexión entre los tres mundos: el cielo, el espíritu del alto mundo representado por las ramas; la tierra, el espíritu del bajo mundo representado por las raíces; y la humanidad —o la llamada existencia material—representada por el tronco como interlocutor entre el cielo y la tierra. Quizás por eso los árboles son una parte esencial de mi obra.

Escribo como escribo por quien soy. Siempre presente en mí la dualidad de la vida; lo bueno y lo malo. Nací entre dos cuerpos de agua: el mar Caribe y el océano Atlántico, bajo la regencia de dos peces (soy pisciano). Me formé al amparo de dos religiones y dos banderas, y de niño viví dividido entre dos lealtades políticas. Asimismo, me he nutrido de la herencia cultural de dos naciones: Italia, de donde provienen mis abuelos paternos—los Ferraioli-D'marco—y Alemania, de donde descienden mis abuelos maternos, los Weyland Fleischman.

Mi composición psicológica se ha delimitado de forma clara y contundente por mis dos pasiones: el arte del cristal y la palabra escrita. El hemisferio derecho de mi ser es de donde emana lo artístico, lo creativo, la imaginación y la intuición para crear mis vitrales y mis mosaicos, mientras que el hemisferio izquierdo de mi ser es de donde emana el lenguaje, el razonamiento y la lógica para crear mis escritos. Ambos se funden para insuflarle vida al artista que me habita. Y así, entre dos mundos que se complementan, me he enfrentado al arrecife del mar que surco todos los días y al trueno de los cielos en busca de nuevos horizontes.

A temprana edad—entre arrecifes y truenos amenazantes—perdí el balance de mi mundo interno. Busqué el camino que sabía me llevaría a un refugio seguro; el refugio que brinda la creación a través del arte y la palabra. Pero poco a poco sentí cómo la gracia que poseía al escribir comenzó su lento descenso hacia la nada. El don de la palabra comenzó a ir a menos, mientras el don de la creación manual iba a más. Sentí cómo el hemisferio izquierdo de mi cerebro se inundaba de una sustancia que no reconocía la fluidez del verbo y la palabra escrita, razón por la que perdí ambas facultades. Cundió el pánico. Un intento sobrehumano, inspirado por las composiciones del cantautor Bob Dylan (Premio Nobel de Literatura), me impulsó a no rendir mi palabra, a no entregar mi espada ante un adversario que ni los psiquiatras podían doblegar. La canción de Dylan, 'Como una piedra que rueda', fue el llamado a no entregarme, a dejar algo, un testimonio de mi verbo durante los turbulentos años de mi adolescencia. Así pues, entre los dieciséis y diecinueve años de edad, las palabras que no se fueron con las escorrentías quedaron plasmadas en veinticinco poemas que documentan el deterioro de mi paz mental:

'Talla tu nombre en un árbol
lejos del mundo y la civilización
donde al menos la naturaleza sabrá
que una vez fuiste'. (Miramar, Puerto Rico, 1969)

Tras ese torrente de poesía catártica, volvió el silencio con más fiereza. Ante la ausencia de la palabra, mis manos se fortalecieron y durante cuarenta años aprendí a 'hablar' con cristales, a escribir mi historia con el arcoíris que me fue dado como el interlocutor que sé que soy entre lo que conocemos y lo que ignoramos. Las pocas veces que miré con nostalgia aquella palabra y que traté de revivirla, aún se encontraba en estado de rigor mortis.

En marzo del 2002, fui invitado a exhibir mi colección de mosaicos 'Puertas y ventanas 1898-1998' en el Museo de Arte de Ponce. De nuevo me arropó el pánico que había experimentado de pequeño, que amenazaba con hundirme. Otro arrecife amenazaba con desguazarme. La voz del trueno, esta vez imaginaria, amenazó con hundirme como lo hizo durante mi infancia y mi adolescencia. Reviví el aterrador miedo de la madeja de pensamientos oscuros que me paralizaban como un torbellino de brea que se derramó dentro de mi cerebro y me hizo perder la palabra. ¿Acaso es que iba a perder mi expresión manual también? Un amigo médico, a quien considero un alquimista del cerebro, detectó el problema: una sobreabundancia de esa 'brea' psíquica en el hemisferio izquierdo de mi cerebro. Como los lagos de brea que atrapaban a los animales que habitaron la tierra en el comienzo de los tiempos, llevándolos a su muerte, aquella 'brea' mental se apoderó de mi verbo. El alquimista prendió la 'brea' en llamas—como se prende un cañaveral para luego recoger el fruto—y me advirtió: 'En seis semanas no quedará rastro del desbalance químico con el que has tenido que vivir las últimas cinco décadas encerrado en tu propia mazmorra'.

Y así fue. Una vez transcurrido el tiempo prescrito por el psiquiatra, no quedó ni rastro del pegajoso alquitrán. La palabra comenzó a adueñarse de lo que por cincuenta años había sido un pantanal de aquella viscosa materia. Comenzó el proceso de la limpieza: como les ocurre a esas aves que son atrapadas por los derrames de petróleo en el mar y que hay que limpiarlas pluma a pluma hasta devolverles el vuelo, mi palabra comenzó a purificarse, letra a letra, hasta que fluyó como un manantial. Con la misma euforia que debe causar el primer vuelo de un ave, comencé a escribir otra vez. Primero fue un poemario, Vírgenes eróticas y ángeles lascivos (Terranova Editores, 2005). Luego publiqué Vírgenes (Terranova, 2008), en el cual recreé literariamente la fantasía de mi primer viaje a la Alemania de mis ancestros maternos, de la mano de veintiuna imágenes de mosaicos de cristal con cuerpos de mujer creados con un entramado de flores. Y en mi tercer intento, tras los cincuenta años de silencio impuestos por el desequilibrio de la mente, la palabra se desbordó y nació Semillas amargas: tras la esperanza del oro negro (Divinas Letras, 2017). Pero el verbo fue tan avasallador que en el ínterin de terminar mi primera novela, escribí Las islas nacen libres (novela inédita), el diario de poemas Mosaikus: Palabras de cristal (Divinas Letras, 2015) y Mansión Georgetti (otra novela inédita). Asimismo, se encuentran a la espera de publicarse el segundo y tercer volumen de Semillas amargas.

He estudiado a los pensadores que han tratado de definir el gran misterio de qué es la vida. He estudiado las religiones en busca de una contestación a esa pregunta. Ambos intentos han sido infructuosos. Pero la escritura ha reafirmado mi creencia en lo que para mí es la vida, y la respuesta a esa interrogante la hizo famosa el dramaturgo y poeta inglés William Shakespeare cuando afirmó en una de sus obras: 'La vida es un teatro y nosotros meros actores'. Tras la creación de mi primera novela histórica, en la que inventé parte de la vida de mis abuelos paternos y me tomé la licencia de recrear un mundo fantástico donde se funden mis visiones del arte del cristal, la mitología y los vericuetos de la mente en el marco de la Guerra Hispanoamericana de 1898 en Puerto Rico, estoy más convencido que nunca de que todos somos meros actores en el teatro de la vida. Somos el personaje central en esa novela de nuestras vidas que el universo ha escrito para nosotros. Y ante esa verdad, acepto la novela de mi vida tal y como es. Porque al fin y a la postre, es solo una novela. Este hecho me llena de una paz infinita.

—Eddie Ferraioli
Palmas del Mar, Humacao, Puerto Rico
8 de febrero de 2017

Some preliminary words

I was born a writer...this anthology of my first four books —the poem book *Erotic Virgins* and *Lascivious Angels*; the tribute to women, *Virgins*; the collection of verses for each day of the year inspired in Japanese poetry, *Mosaikus: Words of Glass*; and my first novel published by Divinas Letras, *Bitter Seeds: The Quest for the Black Gold*—is living proof of my vocation for writing. The only evidence that remains of my first writings, where I began to express my feelings, is a note dedicated to my mother when I was barely six years old, which reads:

'Dear mother, today and forever I will live to make you happy. Mothers are the angels of God on earth, and you, mother dearest, are my angel.'

(Miramar, Puerto Rico, 1956)

I stopped being a writer when, as a result of a paralysing emotional crisis, I lost my ability to verbalise—precisely during those early years of childhood. But fifteen years ago, after more than five decades of relative silence, I began to regain fluency in my speech, as well as the written word. At this stage of my life, nothing brings forth more passion than to make use of the gift of writing that the universe has allowed me to reclaim. But more important still is to come to the conviction that when I write, as when I work with glass, I am not necessarily a talented writer or artist. I am simply an interlocutor of the muses, of something that is beyond me and which I make mine; I only transmit their message.

In ancient times, trees were held in high esteem because it was said that they were the connection between the three worlds: the heaven, the spirits of a higher world represented by its branches; the earth, the worldly spirits represented by the roots; and humanity—or the so-called material existence—represented by the trunk as an interlocutor between the heavenly and worldly spirits. Perhaps that is why trees are an essential part of my artistic expression.

I write the way I write, because of who I am. Always present in me is life's duality; the good and the bad. I was born between two bodies of water: the Caribbean Sea and the Atlantic Ocean, under the regency of two fishes (I am Pisces). I grew up under two religions and two flags, and as a child, I lived divided between two political loyalties. I was also nurtured by the cultural heritage of two nations: Italy, the birthplace of my paternal grandparents—the Ferraioli-D'marco—and Germany, the birthplace of my maternal grandparents—the Weylandt-Fleischman.

My psychological make-up has been clearly and strongly delimited by my two passions: the art of glass and the written word. My right hemisphere is from where my artistic, creative, imaginative and intuitive side emanates to create my stained glass and mosaic works, while my left hemisphere is from where language, reasoning and logic come from to create my writings. Both are fused to breathe life into the artist that inhabits me. And thus, between two worlds that complement each other, I have faced the reef of the ocean that I travel every day and the thunder of the skies in search of new horizons.

At a young age—between menacing reefs and thunder— I lost the balance of my internal world. I searched for the path I knew would lead me to a safe haven; a refuge that brings forth creation through art and the written word. But little by little, I felt how the grace I possessed when writing started a slow descent towards nothingness. As my gift for the word lessened, my manual work increased. I felt how the left hemisphere of my brain was flooded with a substance that knew not of the fluency of the spoken and written word, and thus both were lost. Panic took hold. A superhuman attempt, inspired by the compositions of singer-songwriter Bob Dylan (Nobel Prize in Literature) prompted me not to surrender the written word, not to surrender my sword to an adversary that not even psychiatrists could defeat. Dylan's song 'Like a Rolling Stone' was the call I needed so I wouldn't give up, to leave something, a testimony of my written word during the turbulent years of my adolescence. So, between my sixteenth and nineteenth birthdays, those words which survived the emotional deluge were reflected in twenty-five poems that document the deterioration of my peace of mind:

'Carve your name on a tree
far from the world and civilisation
where at least nature will know
that once you were.' (Miramar, Puerto Rico, 1969)

After that torrent of cathartic poetry, the silence returned fiercer than ever. In the absence of the spoken and written word, my hands were strengthened, and during the next forty years, I learned to 'talk' through my glass art, to write my story with the rainbow that was handed to me as the interlocutor that I know I am, between what we know and what we ignore. The few times I took a nostalgic look at my written word and tried to revive it, it was still in a state of rigour mortis.

In March 2002, I was invited to exhibit my mosaic collection 'Doors and Windows 1898-1998' at the Ponce Museum of Art. Again, the panic that had engulfed me as a child threatened to sink me. Another reef menaced to rip me apart. The voice of the thunder, this time imaginary and unreal, threatened to sink me as it had done during my childhood and adolescence. I relived the terror of the frightening tangle of dark thoughts that paralysed me as if tar had spilt into my brain to silence my words. Was it that I was going to lose my manual dexterity too? A friend—a doctor, also—whom I consider an alchemist of the brain, detected my problem: an overabundance of that psychic tar in the left hemisphere of my brain. Like tar lakes that trapped the animals that inhabited the earth since the beginning of time, leading them to their death, that mental 'tar' had trapped my word. The alchemist lighted the tar on fire—like one would ignite a sugarcane plantation before picking up the crop—and warned me: 'In six weeks, there will be no trace of the chemical imbalance with which you have had to live these last five decades confined in your own dungeon.'

And that is what happened. Once the six weeks were over, as the psychiatrist had prognosticated, there was no trace left of the sticky tar. My spoken and written word began to take over what—for fifty years—had been a swamp of that viscous matter. The cleaning process began: as it happens to those birds trapped in an oil spill whose feathers have to be cleaned one by one so that they may fly again, my speech began to be purified, letter by letter, until it flowed like a spring.

With the same euphoria a bird may feel when it flies for the first time, I started writing again.

First came a collection of poems, *Erotic Virgins* and *Lascivious Angels* (Terranova Editores, 2005). Later, I published *Virgins* (Terranova, 2008), in which I recreated the fantasy of my first trip to Germany of my maternal ancestors, alongside twenty-one mosaic images of women framed in flowers. And on my third attempt, after those fifty years of imposed silence due to a chemical imbalance, my written word overflowed and my novel *Bitter Seeds: The Quest for the Black Gold* (Divinas Letras, 2017) was born. But the joy of finally being able to write was such that, in the time it took me to finish writing my first novel, I wrote *The Islands Are Born Free* (unpublished novel), the poetry journal *Mosaikus: Words of Glass* (Divinas Letras, 2015) and *Georgetti Manor* (another unpublished novel). At present, the second and third volumes of *Bitter Seeds* are in the works for publishing.

I have studied the great philosophers who have tried to define the great mystery of what life is. I have studied different religions in search of an answer to that question. Both have been unsuccessful. But the act of writing has reinforced my belief in what life is to me, and the answer to that question was made famous by the English playwright and poet William Shakespeare when he stated in one of his works: *Life is but a stage and we are mere actors*. After the creation of my first historical novel, in which I invented part of my paternal grandparents' life and took some licences to recreate a fantasy world that merges my visions of the art of glass, mythology and the make-believes of the mind in the context of the Spanish-American War of 1898 in Puerto Rico, I am more convinced than ever that we are all mere actors in the stage of life.

We are all the central character in the novel of our lives, written for us by the universe.

And with that truth, I accept the novel of my life as it has played out. Because in the long run, it is but a novel. That belief fills me with infinite peace.

—Eddie Ferraioli

Palmas del Mar, Humacao, Puerto Rico

8 February 2017

La Última Cena | The Last Supper

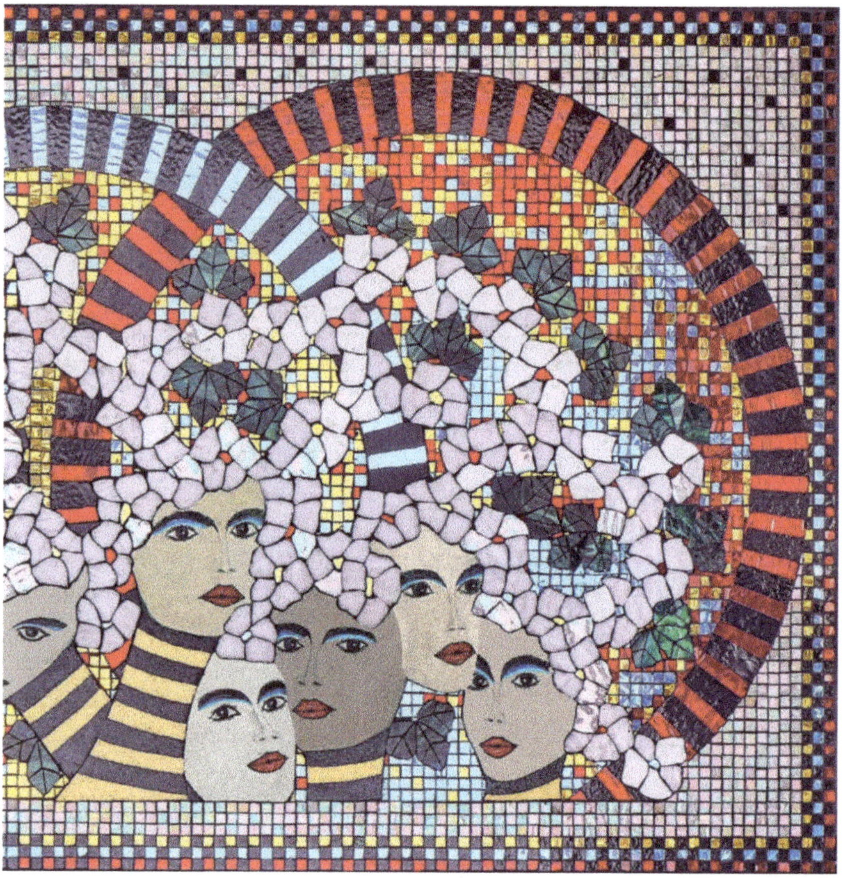

Introducción
De Vírgenes a Diosas

¿Acaso hay un comienzo y un final en nuestras vidas? ¿En qué momento comienza la conciencia y en qué momento pasamos a la inconciencia? ¿En qué instante 'somos' y en que instante dejamos de 'ser'? ¿En qué tiempo damos las primeras pinceladas sobre el lienzo de nuestras vidas—conscientes, con pleno discernimiento—y en qué tiempo damos la última pincelada?

Yo 'fui', empecé a tomar conciencia de quién soy, en el verano de 1954, cuando apenas tenía cuatro años de edad. Antes de ese momento solo tengo vagas memorias, brochazos de mi existencia. El comienzo del camino—el que recuerdo— se remonta a mi primer viaje a la Alemania de mis ancestros. Los primeros pasos de ese sendero al que me puedo retrotraer con suma facilidad ocurrieron en ese verano que resultó para mí un recorrido cabalístico.

Mamá y Papá nos llevaron a mis hermanos y a mí a conocer Alemania, la tierra que tantos miembros de mi familia materna se vieron obligados a abandonar. Hacía escasamente nueve años que había finalizado la Segunda Guerra Mundial. Mamá regresaba para reencontrarse con los pocos miembros de su familia que sobrevivieron al más cruento episodio de guerra que la humanidad había conocido. Mis abuelos alemanes—Oma y Opa—los padres de mi mamá, eran un matrimonio mixto (mischlinge). Ella, Gertrude Fleischman, era de ascendencia judía. Él, Edvard Weylandt, era de ascendencia 'ariana', término que acuñaron Adolfo Hitler y sus secuaces para referirse a aquellos alemanes de 'sangre pura'. Esos eran los descendientes originales de las primeras tribus alemanas, cuya sangre jamás había sido mezclada con la sangre de otras razas inferiores a las de ellos, en especial con la sangre de los judíos. Por el lado de mi abuela materna, Gertrude, sobrevivieron muy pocos parientes porque en los ojos del Führer no eran de sangre pura. La Gestapo alemana se encargó de fulminar sus vidas en sabe Dios qué campo de concentración de las decenas que poblaban

Alemania y los países conquistados del este, en especial Polonia. Por el lado de mi abuelo materno, Edvard, a pesar de no tener sangre judía, también hubo pocos sobrevivientes, pues la mayoría debió de haber muerto en la ciudad de Stettin, una de las veinte ciudades alemanas más bombardeadas por los aliados y que sucumbió al avance del Ejército Rojo de Stalin.

Con el paso de los años, a medida que tuve suficiente edad para internalizar un ápice de lo sucedido en el Holocausto—aún a mis años no puedo comprender en su totalidad esa tragedia—cobré conciencia de lo que había sufrido mi familia.

Los nombres de los pueblos de Stettin, Kitzinguen y Lübeck, y los nombres de algunos campos de concentración como Dachau, Mauthausen, Buchenwald y Auschwitz-Birkenau quedaron impresos en mi memoria. También ha quedado en mi espíritu una huella indeleble…la noción de lo irrelevantes que son los dioses de todas las religiones. No obstante, también aprendí que lo malo siempre viene acompañado de lo bueno y lo bueno siempre viene acompañado de lo malo.

A pesar de todo, por ser un niño tan pequeño no advertí el dolor de mis familiares ni ellos quisieron impresionarme con lo sucedido. Ese verano, me enteraría de la tragedia genocida de una forma sutil, a través de un 'encantamiento' que vine a manifestar por primera vez con mi proyecto 'Vírgenes', una colección de veinte obras creadas en mosaico. Como una visión, las 'Vírgenes' se manifestaron en los esotéricos bosques de Alemania.

El verano del año 1954 pasó a ser una temporada mágica en la que se me hizo difícil diferenciar qué era real y qué era fantasía, tal vez porque siempre fui un niño espiritualmente precoz.

Compartía con los miembros de mi familia que sobrevivieron: mi tía Ruth, sus dos hijas Marly y Helga, y mi tía-abuela Barble. Mi tía Ruth, a pesar de ser judía, se había quedado en Alemania por haberse casado con un militar alemán. Como tantos otros matrimonios mixtos cuyos esposos eran militares fieles al Reich, pensaron que esa adhesión al gobierno alemán serviría como un manto protector a pesar de su herencia por parte de madre. Cuando comenzó la institucionalización del antisemitismo—con las leyes aprobadas en el 1933—por el recién electo Partido Nazi, Mamá logró salir de aquel incipiente infierno, una vez terminada su relación sentimental con un militar alemán del Partido Nazi, ya que se le imposibilitaba mantener relaciones sentimentales con un miembro de esa elite, por ser una mujer judía. Una vez comenzado el conflicto bélico, el esposo de Ruth fue enviado al frente de guerra. Ruth—despojada de su 'manto protector'—se pasó huyendo los seis años que duró la guerra (de 1939 a 1945).

Siempre iba un paso delante de la Gestapo. Y logró esta hazaña con tres hijas —una bebé al hombro—a solas, mientras su esposo participaba en la Operación Barbarroja, la invasión del Ejército Alemán de Rusia.

De mis tres primas solo sobrevivieron Helga y Marly. La tercera, Margó, murió asfixiada inadvertidamente por manos de tía Ruth. El accidente ocurrió debido a que el llanto de la niña iba a causar que las descubrieran en uno de los muchos edificios abandonados donde buscaron refugio. Al tratar de acallarla, la privó del aire que necesitaba para respirar. Mi tía Ruth jamás pudo sobreponerse al cargo de conciencia que la acompañó hasta su muerte.

En cierto modo, Helga y Marly fueron la génesis de lo que se convertiría en mi obra de mosaicos más reconocida: 'Vírgenes'. Mi experiencia con ellas a la tierna edad de cuatro años—ellas tenían trece—abrió unos senderos de entendimiento de la mujer que he pensado que, si no se internalizan a cierta edad, tal vez sean prácticamente imposibles de recuperar. Presumo que se van perdiendo, del mismo modo en que se pierde la habilidad que tenemos de pequeños para aprender lenguajes. Fuese ese análisis mío correcto o incorrecto, lo que sí no escapó de mi conciencia desde muy temprano en mi juventud fue ese entendimiento de la posición tan desfavorable en la que nace la mujer, quien viene predispuesta a sufrir todo tipo de desigualdades frente al hombre. Pero no fue solo este hecho el que iluminó mi mente sobre la condición tan desventajosa de la mujer frente al hombre. Hubo también una experiencia cabalística que tuve en los fantasmagóricos Bosques Negros de Alemania.

Con Helga y Marly—altas, plateadas como la luna y con un pelo hechizado por los rayos del sol—aprendí a hablar en alemán, pero más importante, aprendí a hablar el lenguaje de la flora y de la fauna.

Ellas también me instruyeron para adentrarme en los míticos Bosques Negros de Alemania, donde podría recorrer los caminos con luz y los caminos con sombra. Ellas me hablaron de los habitantes de aquellos bosques, los del bien y los del mal. Me enseñaron sobre las libélulas y sus canciones, y sobre la simbología de su existencia y por qué esa simbología era una característica innata en toda mujer, sin importar su lugar de nacimiento, religión o raza.

Pero fue el 21 de junio de 1954, el día del Solsticio de Verano, que todo lo que aprendí de ellas se plasmó en una visión que se convirtió en la zapata de una plataforma que luego—como adulto—me ha servido para manifestar mis denuncias sobre la condición de la mujer a través del arte y la escritura. Esa noche —mientras ardían las fogatas en honor a la celebración del Solsticio de Verano y la luna llena parecía danzar sobre sus llamas—me quedé dormido al son de una nana que me cantaron mis primas.

La melodía que entonaban Helga y Marly era una afirmación sobre las libélulas, cuyo mensaje comprendí muchos años después. La única estrofa que he podido recordar proclamaba: 'Tu mente es libre para que nosotras seamos libres'.

Según avanzaba la madrugada, todos se fueron retirando hasta que Mamá y yo nos quedamos solos. De repente me encontré caminando con ella hasta el lago donde la luna llena, posada sobre el centro de ese espacio líquido, parecía refrescarse luego de bailar sobre las espigas de las llamaradas.

Mamá me dijo: 'Este es tu bosque, adéntrate en él y haz lo que tu corazón te dicte'. Recuerdo que caminé en la oscuridad, sin miedo, guiado por la luz de miles de libélulas cuyas alas parecían atrapar todos los rayos de luz que la incansable luna le robaba al sol al otro extremo del universo.

Estas pequeñas diosas comenzaron a arremolinarse sobre la copa de un árbol donde, para mi sorpresa, se encontraban Helga y Marly en toda su plateada desnudez. Esa noche no eran mis 'maestras' sino que asumían el rol que el bosque les había asignado a ellas como guardianas de aquel mágico recinto. Yo asumiría el mío cuando me enfrentara a algo que era inevitable en mi vida si quería ser fiel al principio del contundente mensaje de mi madre: 'Haz lo que tu corazón te dicte'.

Proseguí mi camino hasta divisar un inmenso árbol de cuyas ramas colgaban veinte pequeñas jaulas doradas. En cada jaula había unas manzanas arrugadas en su cautiverio. Me acerqué al tronco y allí, entre sus raíces, se encontraba una espada. Algo me impulsó a tocarla solo con el dedo del corazón. Inmediatamente, el árbol soltó la espada, indefenso ante mis nobles intenciones. La levanté y comencé a girar sobre el suelo como jamás pensé que un cuerpo pudiese dar vueltas. Cuando sentí que era el momento indicado golpeé su tronco. Las veinte jaulas cayeron al suelo abiertas. De cada una salió una manzana sin las arrugas que las caracterizaban cuando estaban en cautiverio. A su vez, cada fruta germinó en una mujer desnuda. Frente a mis ojos, comenzaron a cubrir sus cuerpos con flores y hojas típicas de su especie. Cautelosas ante la presencia de un varón—ya que había sido el árbol-macho quien las había enjaulado— una a una fueron entremezclándose con el bosque, hasta que no supe distinguir entre los árboles y las mujeres.

Antes de partir a su encuentro con la naturaleza me repitieron la frase de la nana que mis primas me habían susurrado al oído: 'Tu mente es libre para que nosotras seamos libres'.

Tras la desaparición de la última mujer sentí que era tiempo de regresar a donde Mamá aún me esperaba, y así lo hice. A partir de ese momento emprendí el camino para regresar a lo que sería el norte de mi vida: hacer lo que mi corazón me dictara. La visión regresó a mí con una fuerza incontenible en el año 2003 y así, comenzó la génesis de mi bosque de 'Vírgenes', que ahora entiendo que en realidad son 'Diosas'.

Cuando en el año 2008 se publicó mi libro Vírgenes—auspiciado por la Oficina de la Procuradora de las Mujeres del Gobierno de Puerto Rico, que dirigía la licenciada María Dolores Fernós López-Cepero—jamás imaginé que diez años después reeditaría el libro debido al nuevo clamor mediante el que las mujeres exigen un espacio igualitario en todos los campos, sin ser víctimas de los depredadores sexuales que parecen propagarse como esporas. Delatar lo que siempre se ha sabido: que para las mujeres los lugares de trabajo son espacios donde el hombre ejerce su poderío a través del sexo. Está claro que eso no es nada nuevo. Lo que sí es muy novedoso es que las mujeres unidas alcen sus reclamos en una sola voz que le ha dado la vuelta al mundo. Dicho grito—que ha sido proclamado mundialmente mediante el lema #MeToo—ha expuesto al ojo público a estos depredadores sexuales que habitan en todas las esferas del mundo, religiosas y laicas, donde los hombres ejercen su poder.

En el 2003, comencé el largo camino de cortar y ensamblar sobre 50,000 piezas de cristal para elaborar los veinte mosaicos dedicados a las mujeres victimizadas, escondidas tras el velo de cristal del escarnio de los hombres debido a su encarnación femenina. En ese momento no conocía sobre las vicisitudes narradas en la mitología griega sobre la ninfa Dafne, hija de Peneo, el dios de los ríos. Apolo, el dios griego de las artes y la profecía, había puesto su mirada sobre la joven doncella y quedó prendado de su belleza. Pero Dafne se quería con Artemis, diosa de la caza y guardiana de la virginidad, razón por la cual rechazó a Apolo. Vanagloriándose de su poder, y obviando los deseos de Dafne de no ser partícipe de sus avances sexuales, el prepotente dios comenzó a acecharla. La joven se internó en los bosques para evitar un encuentro con su depredador, pero él, obsesionado con la doncella, insistió en hacerla suya. Sagaz y poderoso como era él, no se dio por vencido. Un día, logró acorralarla.

Dafne pidió el auxilio de su padre, el dios Peneo. Incapacitado de obrar contra Apolo, pero deseoso de evitar la violación de su hija, el dios de los ríos recurrió al único remedio que tenía en sus manos; convirtió a su hija Dafne en un árbol de Laurel y así la protegió para siempre de los maliciosos designios de Apolo.

Tampoco sabía que, en la Biblia, en Génesis 1:27, aparece la primera versión de la creación del hombre y la mujer, la que a mi juicio debió haber sido la única porque equipara al hombre con la mujer al relatar cómo ella fue creada de la mano de Dios. Dice dicho versículo:

'Y creó Dios al hombre a su imagen, a imagen de Dios lo creó; varón y hembra los creó. Y los bendijo Dios, y les dijo: 'Fructificad y multiplicaos''.

Tampoco sabía que, habiéndose creado al hombre y la mujer como iguales, la jerarquía patriarcal prefirió tomar una versión de la creación de la mujer para subyugarla al hombre. Por eso, en Génesis 2:22, aparece una segunda creación de la mujer y es esa que la Iglesia tomó como cierta para, entre otras cosas, concebir a la mujer como un apéndice del hombre. 'Y de la costilla que Jehová Dios tomó del hombre hizo una mujer, y la trajo al hombre. [Refiriéndose a ella como si fuera su propiedad] Dijo entonces Adán: Esto es ahora hueso de mis huesos y carne de mi carne; y esta será llamada Varona porque del varón fue tomada'. En otras palabras, proclamaba que la mujer le pertenecía.

En el año 2002, luego del éxito que obtuve con mi exhibición 'Puertas y Ventanas 1898-1998'—dedicada a la flora puertorriqueña y a las puertas y ventanas que engalanaban nuestras casas con su distintivo estilo criollo— sentí un llamado extraño: poner mis talentos al servicio de la causa de la igualdad para las mujeres.

Deseaba usar mi arte como punta de lanza para delatar lo que nos dicen los periódicos con demasiada frecuencia: que las mujeres están sujetas a los designios de sus parejas.

De igual forma en que mostré mi reverencia y sentido de protección hacia la flora y nuestros monumentos arquitectónicos—que estaban (y están) a la merced del 'progreso'—con dicha exhibición en el Museo de Arte de Ponce, me embarqué en un proyecto para hacer lo propio con las mujeres: constatar la situación precaria en la que viven en todos los rincones de la tierra a merced del hombre-depredador.

Quise crear las mujeres-flora para enaltecer todos los atributos que enmarcan la femineidad. Mi intención era mostrarlas protegidas dentro de un ámbito cristalino, lejos del escarnio de los hombres, en un bosque donde no sienten el dolor físico de una golpiza; donde no soportan el látigo verbal sobre sus oídos; donde no ven la espada que se cierne sobre sus vidas; donde no tienen que tragarse el amargo veneno de las semillas del odio.

En ese momento sabía muy poco del tema de la mujer en su larga historia de luchas por la igualdad…Tampoco conocía que entre cientos de hombres 'ilustres', desde el comienzo de los tiempos, muchos de ellos han humillado con palabras que quedan grabadas en el río de sangre de las mujeres asesinadas. Luego de terminados los veinte mosaicos, que encarnaban el yagrumo, el mangle, el café, el anturio, el majó, el guayacán, la canaria, la uva playera, el flamboyán, la amapola, la orquídea, el lirio cala, la trinitaria, el lirio tigre, la maga, el ave del paraíso, la rosa, el loto, el tulipán africano, y la magnolia, fue que vine a tomar conciencia de cuán antigua es la misoginia. Y de que, contrario a los misóginos, ha existido en la mente de muy pocos hombres el compromiso de salvaguardar (como en el caso de Peneo con su hija) sus derechos, y de equiparar las condiciones de las féminas para que nacer mujer no sea una condena a la pobreza y/o a la muerte. La creación de estos mosaicos es una afirmación del principio de la lucha contra la violencia hacia la mujer, que simbolizan las figuras de Dafne y Peneo, expresado más de dos mil años atrás, pero que toma más vigencia que nunca.

Este bosque de mujeres convertidas en flora, para protegerlas del acecho del hombre, no solo encuentra resonancia en la mitología griega. En los años 1400, una mujer de nombre Cristina del Pizán—que era miembro de la nobleza— desarrolló en el plano real el concepto imaginario de la Ciudad de las Mujeres, que había concebido en su libro que lleva ese mismo título. Su creación es un viviente reflejo del mito de Dafne, pero no como mitología sino como una realidad. El concepto de la Ciudad de las Mujeres fue instituido como un espacio para el reconocimiento de las aportaciones de la mujer y el desarrollo físico, intelectual y espiritual de las féminas de ese tiempo para enfrentarse con éxito al hombre. Ese modelo, el de las casas protectoras de la mujer, aún está vigente porque el comportamiento del varón sigue promoviendo un patrón de acoso.

Una vez hice públicas las obras en el Museo de Arte Contemporáneo, la primera pregunta inevitable fue: '¿Y por qué 'Vírgenes'?'. La contestación a esa pregunta es la siguiente: 'Vírgenes' es una colección de mujeres en la técnica del mosaico. Son piezas que no hacen referencia a un estado fisiológico de la mujer ni aluden a algún concepto religioso. 'Vírgenes' es un homenaje a la mujer y a su existencia en un tiempo previo, antes de que fueran demonizadas para dar paso al orden social y político donde se establece el patriarcado del hombre. 'Vírgenes' son las niñas, las adolescentes y/o mujeres que caen presas del hombre-depredador, ya sea padre, hermano, cónyuge o empleador.

'Vírgenes' son las mujeres que han sido violadas en cualquiera de sus modalidades—física, emocional o espiritual—y están a la espera de que se les haga justicia. 'Vírgenes' es el ámbito, el medioambiente de cristal donde como árboles—como el árbol del laurel en el cual Dafne fue convertida—son intocables por los hombres-acosadores.

Y lo que comenzó como la mera expresión de un artista con la técnica del mosaico se ha convertido en un llamado, una cruzada en pro de la igualdad de las mujeres y en la concienciación sobre la situación precaria en que se encuentran en todos los ámbitos de su existencia, sobre todo en el hogar y/o en su lugar de trabajo. A medida que fui adentrándome en el 'bosque' que construía para estas mujeres, fui profundizando en las desgarradoras estadísticas de mujeres asesinadas por sus hombres-depredadores en Puerto Rico y en todo el mundo.

En ese momento comprendí que para cientos de miles de mujeres nacer féminas es una condena de muerte. Y cuando sus tragedias no culminan en la muerte física a manos del hombre, en demasiados casos las obligan a someterse a una existencia de constante tortura. Nacer mujer también es una condena a una vida de pobreza y de esclavitud.

Al principio, la elaboración de los mosaicos y la información sobre la condición de la mujer corrían por caminos paralelos. Ya al terminar la primera de mis 'Vírgenes', La Virgen del Yagrumo—con sus estigmas en ambas manos—sentí cómo estas dos sendas, las de mi arte y las de las estadísticas de violencia contra la mujer dejaban de correr por caminos paralelos para unirse inexorablemente. Las 'Vírgenes' les ponían rostro a las estadísticas, y las estadísticas se convertían en ríos de sangre de mujeres de carne y hueso. Vi en mi obra el gran potencial que tenía: una forma innovadora, un vehículo para delatar lo que desde el comienzo del tiempo han sido las tres realidades de la mujer: que por la abrumadora fuerza física del hombre sobre la mujer, está en una desventaja contra los depredadores; que la naturaleza no dotó al cuerpo de la mujer para hacerla impenetrable sin su consentimiento; y que, a pesar de que constituye el cincuenta por ciento de la población mundial, apenas controla el uno por ciento de sus riquezas, según informes de las Naciones Unidas. Y así, la primera de mis 'Vírgenes', en la colección que presenté en el Museo de Arte Contemporáneo, sentó la pauta para las siguientes diecinueve: 'Vírgenes', cuyos cuerpos mostraban los estigmas producto de la crucifixión física, mental y espiritual que enfrentan las mujeres por el mero hecho de nacer mujeres.

Cuando decidí que mi meta como artista era completar veinte de estas 'vírgenes' no tenía idea en ese momento el porqué de esa cantidad de obras. Veinte no era un número que tuviera ninguna aparente relevancia—aparte de la visión que tuve en Alemania de pequeño, del árbol con veinte jaulas— como la preeminencia que podría tener el número trece, día de mi nacimiento, o el doce, número de meses del año. Presumí, como hago con tantas otras situaciones que se me presentan en la vida, que su importancia se revelaría con el paso del tiempo. Y así fue. Ese año 2006 se presentó la exhibición. Ese año veinte mujeres también murieron asesinadas por sus compañeros sentimentales (en realidad depredadores). El número veinte, que sería la cantidad de obras que escogí hacer en el 2003, fue revelado como el número de mujeres asesinadas en el 2006. A esas veinte mujeres fue dedicada la exhibición 'Vírgenes'. La correlación, si bien parecía fortuita, era inevitable: veinte 'Vírgenes' y veinte mujeres asesinadas.

Comprendí el mensaje. No se podían desligar mis manos ni sus manifestaciones artísticas de la voz de mi conciencia, que comenzó a gritar ante el sufrimiento de tantas mujeres ultrajadas a través del mundo. Lo que mi razonamiento reclamaba estaba fundido a mi expresión artística. Los que comprenden el mensaje y reclamo de mis 'Vírgenes', entienden que mi arte y mi conciencia andan por el mismo sendero.

Como artista, soy un ente social y dirijo mi mensaje al mundo del que formo parte. Por ello, al crear estas 'Vírgenes', moldeadas en la técnica del mosaico, veo mujeres fragmentadas compuestas por pedazos de vidrio, como quien reconstruye una imagen previamente quebrada.

Son 'Vírgenes' construidas por miles de cristales—como quien se viste de una existencia fragmentada—pero cuyo rostro, pies y manos permanecen unificados como signos de una totalidad que se manifiesta en la verdad intacta que permanece inmaculada ante cualquier vejación.

Mis 'Vírgenes' son un reto al orden masculino existente donde permea un sistema patriarcal desde los comienzos de la cristiandad. A diferencia de otras tantas religiones, y de sus mitologías donde había tanto diosas como dioses, la cristiandad impuso a un Dios masculino como creador del Universo y un hombre, Jesucristo, para salvar a la humanidad. La mujer fue relegada como un pedazo de carne sustraído de la costilla del primer hombre creado por ese Dios masculino. Y como mis 'Vírgenes' son un reto a ese orden masculino, he decidido que mis creaciones dejen de ser 'Vírgenes' para bautizarlas con el nombre que merecen en estos tiempos: el de 'Diosas'.

'Diosas' es mi denuncia de la cultura falocéntrica que nos ha llevado a condenar a la mujer a un papel de servilismo, y, peor que servilismo, a una cultura donde matar a la pareja parece ser un derecho que los hombres se han adjudicado. Mi bosque de 'Diosas' está dedicado a las mujeres que han muerto (o han sido acosadas), a las que mueren (o están siendo acosadas) y a las que morirán (o serán acosadas).

Introduction
From Virgins To Goddesses

Is there an actual beginning and a final moment in our lives? At what moment do we gain consciousness, and at what moment do we lose it? At what instant can we say 'I am' and at what moment do we cease to be? When do we begin giving our first brush strokes on the canvas of our lives—consciously, with clear discernment—and when do we paint the last stroke?

I 'became,' I began to have a conscious feeling of who I was, in the summer of 1954 when I was barely four years old. Before that time, I only have vague memories, just brushstrokes of my existence. The beginning of my journey—the one I remember—goes back to my first trip to the Germany of my ancestors. The first steps of that path, to which I can easily return, occurred that summer, which turned into a cabalistic journey for me.

The beginning of my journey—the one I remember—goes back to my first trip to the Germany of my ancestors.

Mother and Father took my siblings and me to Germany, the land which so many relatives of my maternal family were forced to abandon. It had barely been nine years since the end of World War II. Mother returned to be reunited with the few family members who had survived the cruellest war that humanity had ever witnessed.

My German grandparents—Oma and Opa—my mother's parents, were a mixed marriage (mischling). She, Gertrude Fleischman, was of Jewish origins. He, Edvard Weylandt, was of Arian origins, a term that was coined by Adolf Hitler and his followers to refer to the Germans as 'pure blood.' Those were the original descendants of the first German tribes, whose blood had never been mixed with the blood of other races inferior to theirs, especially with the blood of the Jews. On my maternal grandmother's side, Gertrude, few relatives survived because, in the eyes of the Führer, they were not of pure blood. The

German Gestapo ended their lives in God knows which concentration camps of the dozens were scattered in Germany and other countries to the east, especially in Poland. On my maternal grandfather's side, Edvard, even though they weren't of Jewish blood, there were also few survivors, as most apparently had died in the city of Stettin, one of the twenty cities most heavily bombarded by the allies and which succumbed to the advancing Red Army of Stalin.

Over the years, as I was old enough to internalise a fraction of what happened during the Holocaust—even at my current age I still cannot fathom the immensity of the tragedy—I became aware of what my family had suffered.

The names of the cities Stettin, Kitzinguen and Lübeck, as well as the names of some concentration camps like Dachau, Mauthausen, Buchenwald and Auschwitz-Birkenau, were impressed into my mind. An indelible mark has also remained in my spirit… the notion of how irrelevant the gods of all religions are. However, I also learned that the bad is always accompanied by the good and the good always comes with the bad.

In spite of everything, since I was such a small child, I did not notice the pain of my relatives, nor did they want to impress on me with what had happened. That summer, I would find out about the genocidal tragedy in a very subtle form, through an 'enchantment,' which manifested itself for the first time in my project 'Virgins,' a collection of twenty works created in mosaic. Like a vision, the 'Virgins' manifested themselves in the esoteric forests of Germany.

The summer of 1954 turned out to be a magical time in which it was difficult for me to differentiate between what was real and what was fantasy, perhaps because I was always a spiritually precocious child.

We spent time with the members of my family who had survived: Aunt Ruth, her two daughters Marly and Helga, and my great-aunt Barble. My aunt Ruth, despite being Jewish, had stayed in Germany because she had married a German soldier. Like so many mixed marriages whose husbands were military men, faithful to the Reich, they thought that such adherence to the German government would serve as a protective mantle despite her mother's heritage. When the institutionalisation of antisemitism began—with the laws passed in 1933—by the newly elected Nazi Party, my mother was able to escape this incipient inferno, once she broke off her sentimental relationship with a young officer who belonged to the Nazi Party, since she was unable to maintain romantic relations with a member of that elite because she was a Jewish woman.

Once the war began, Ruth's husband was sent to the war front. Ruth—stripped of her 'protective mantle'— spent the six years the war lasted (from 1939 to 1945) fleeing. She was always one step ahead of the Gestapo. And she achieved this feat with three daughters—a baby on her shoulder—on her own, while her husband was fighting in Operation Barbarossa, the invasion of the German army into Russia.

Of my three cousins, only Helga and Marly survived. The third, Margó, was inadvertently asphyxiated by Aunt Ruth. The accident happened because the crying of the girl was going to cause them to be discovered in one of the many abandoned buildings where they sought refuge. In trying to silence her, she kept her from the air she needed. My aunt Ruth could never overcome the guilt that accompanied her to her death.

In a way, Helga and Marly were the genesis of what would become my most recognised mosaic work: 'Virgins.' My experiences with them at the tender age of four—they were thirteen—opened certain paths to understanding women that, if they are not internalised at a certain age, they may be practically impossible to recover. I presume that we lose them, in the same way that the ability we have as children to learn languages is lost. Whether this personal analysis was correct or not, what didn't escape my consciousness from very early in my youth was the knowledge of the unfavourable position in which women are born, who are predisposed to suffer all types of inequalities served on them by men. But it was not just this fact that illuminated me about this innate disadvantage of women in front of men. There was also a cabalistic experience that I had in the ghostly Black Forests of Germany.

With Helga and Marly—tall, silvery like the moon and with hair that seemed bewitched by the sun's rays—I learned to speak German, but more importantly, I learned to speak the language of the flora and the fauna.

With them, I learned to delve into the mystical Black Forests of Germany, where I could take paths bathed in light and paths overcome by shadows. They spoke to me about the inhabitants of the woods, those that were good and those that were evil. They taught me about the dragonflies and their songs, and about the symbology of their existence and why that symbology was an innate characteristic in all women, no matter their place of birth, their religion or their race.

But it was on the 21 June 1954, the day of the summer solstice, that everything that I had learned from them became embodied in a vision which turned into a stepping stone to a platform, which later on—as an adult—served me by bringing forth my denouncements over the condition of women through the usage of art and writing. That night—while the bonfires were lit in honour of the summer solstice celebration and the full moon seemed to dance over the flames—I fell asleep to the sounds of a lullaby sung by my cousins.

The melody that Helga and Marly sang was an affirmation about the dragonflies, whose message I understood many years later. The only verse that I have been able to remember proclaimed: 'Your mind is free so we can be free.'

As the night wore on and everyone slowly retired, the only ones who remained were my mother and I. Suddenly, I found myself walking with her towards a lake where the full moon, poised over that liquid space, seemed to be refreshing itself after dancing over the flames of the bonfires.

Mother told me, "This is your forest, go inside, and do what your heart dictates." I remember that I walked in the darkness, unafraid, guided by the lights of thousands of dragonflies whose wings seemed to trap the light that the tireless moon was stealing from the sun at the other edge of the universe.

These minuscule goddesses started to swirl at the top of a tree, where, to my surprise, I saw Helga and Marly in all their silvery nakedness. That night they were not my 'teachers', instead they were taking up the role that the forest had bestowed upon them as the guardians of that enchanted space. I would assume mine when I would confront something that was inevitable in my life if I wished to remain faithful to my mother's resounding message: 'Act according to what your heart dictates.'

I continued my journey until I encountered a huge tree, from whose branches hung twenty golden cages. Inside each one, there were wrinkled apples in their captive state. As I neared the trunk, there, close to the roots, I found a sword. Something made me want to touch it with my heartfinger, the middle one. Immediately, the tree let go of the sword, helpless before my noble intentions. I picked it up and began to spin in a manner I never thought possible for a body. When I felt that the time was right, I hit the trunk. The twenty cages fell on the ground and opened. From them, the apples rolled out without the wrinkles I first saw them with. At the same time, from each fruit, a naked woman germinated. Right before my eyes, they began to cover their bodies with flowers and leaves typical of their species. Wary in the presence of a man—since it had been the male-tree who had imprisoned them—one by one they blended into the forest until I couldn't distinguish between the trees and the women.

Before they left for their encounter with nature, they repeated the phrase of the lullaby that my cousins had whispered in my ear: 'Your mind is free so we can be free.' When the last one disappeared into the forest, I felt that it was time to return to where Mother still waited for me, and so I did. From that moment on, I set out on the journey to return to what would be the North Star of my life: to do whatever my heart dictated. In the year 2003, the vision returned to me with an uncontainable strength, and, like that, the genesis of my forest of 'Virgins,' which I now understand are really 'Goddesses.'

'Your mind is free so we can be free.'

When, in 2008, my book *Virgins* was published—through the sponsorship of the Women's Advocate Office (Puerto Rico Government), then directed by the lawyer María Dolores Fernós López-Cepero—I never imagined that I would be reediting the book ten years later as a result of the new clamours through which women are demanding their equal space in all fields of work and life, without having to be victimised by sexual predators who seem to propagate like spores. To denounce what has always been known: that for women, work spaces are places where men exercise their power through sex. It is clear that this is not a novel occurrence. What is very novel is that women are raising their demands, united in one voice which has resonated around the world. This shout—which has been proclaimed globally through the #MeToo movement—has put in public display the sexual predators that inhabit all spheres of the world, religious or secular, where men exercise their power.

So, in 2003, I began the long journey of cutting and assembling over 50,000 glass pieces in order to produce the twenty mosaic works dedicated to victimised women, hidden behind the veil of glass from the derision of men because of their feminine embodiment. At that time, I was not really aware of the vicissitudes narrated in Greek mythology about the nymph Daphne, daughter of Peneus, the god of rivers. Apollo, the Greek god of the arts and prophecy, had set eyes on the young maiden and was bewitched by her beauty. But Daphne loved Artemis, the goddess of hunters and guardian of virginity, and therefore she refused Apollo's advances. Boasting his power, and ignoring Daphne's desires not to be part of his sexual advances, the prepotent god began harassing her. The young maiden sought refuge in the forests, trying to evade her predator, but he, obsessed with her, was bent on making her his own. Shrewd and powerful as he was, he did not give up. One day, he managed to corner her.

Daphne sought help from her father, the god Peneus. Unable to act against Apollo, but wanting to avoid the violation of his daughter, the god of rivers resorted to the only remedy he had in his hands; he turned his daughter Daphne into a laurel tree, protecting her forever from the malicious intentions of Apollo.

Neither did I know that in the Bible, in Genesis 1:27, the first version of the creation of men and women appears, which as far as I am concerned, should have been the only one because it equates men with women when is told how she was created at the hand of God. The verses read as follows:

So God created man in His own image; in the image of God He created him; male and female He created them. Then God blessed them, and God said to them, 'Be fruitful and multiply.'

Nor did I know that having created men and women as equals, the patriarchal hierarchy preferred to use a version of the creation of women that would subjugate her to man. For that reason, in Genesis 2:22, one can find a second version of the creation of women, and that is the one the church accepted as true so that, among other things, it would conceive woman as an appendix of man. 'Then the rib which the Lord God had taken from man He made into a woman, and He brought her to the man. [Referring to her as if she were his property] And Adam said: 'This is now bone of my bones and flesh of my flesh; she shall be called Woman, because she was taken out of Man'.' In other words, he claimed that the woman belonged to him.

In the year 2002, after the success of my exhibition 'Doors and Windows 1898-1998'—dedicated to the Puerto Rican flora, and to the doors and windows which adorned our houses with their distinctive criollo style—I felt a strange urge: to put my talents at the service of the cause of equality for women.

I wanted to use my art as the spearhead to unmask what newspapers were telling us all too frequently: that women are subject to the whims of their partners.

In the same way that I showed my reverence and sense of protection towards the flora and our architectural heritage—which were (and are) at the mercy of 'progress'— with the said exhibition at the Ponce Museum of Art, I embarked on a project to do the same for women: acknowledge the precarious situation in which they live in all corners of the earth, victims to the predatory habits of men.

I wanted to create the women-flora to extol the attributes that lie within their femininity. It was my intention to show them protected within a crystalline sphere, unreachable to man's derision, in a forest where they do not feel the physical pain of a beating; where their ears don't have to be verbally whipped; where they don't have to see the sword that may finish their lives; where they don't have to swallow the bitter poison of the seeds of hatred.

At that time, I knew very little about the long history of women's fight for equality…I also ignored that amongst the hundreds of 'illustrious' men, since the beginning of time, many of them humiliated with words that are engraved in the river of blood that flows from the women who have been murdered. After finishing the twenty mosaics, which embodied the yagrumo, the mangrove, the coffee tree, the anthurium, the majo, the guayacan, the canary, the sea grape, the flamboyant, the hibiscus, the orchid, the calla lily, the bougainvillea, the tiger lily, the maga, the bird of paradise, the rose, the lotus, the African tulip, and the magnolia, I came to realise how old misogyny is. And that, contrary to the misogynist, there has been in the mind of very few men the commitment to protect (as in the case of Peneus with his daughter) women's rights and assist in bettering their conditions so that being born a woman would not be a sentence to poverty and/or death. The creation of these mosaics is an affirmation of the fight against violence perpetrated against women, symbolised by the figures of Daphne and Peneus, expressed more than two thousand years ago, but which is more valid now than ever.

This forest of women turned into flora, to protect them from the harassment of men, not only finds resonance in Greek mythology. In the 1400s, a woman named Cristina del Pizán—a member of the nobility—developed and put into practice the imaginary concept of the City of Women, as conceived in her book bearing the same name. Her creation is a living reflection of Daphne's myth, not as mythology but as a reality. The concept of the City of Women was instituted as a space for the recognition of women's contributions, and the physical, intellectual and spiritual development of women at the time so they could successfully face men. This model, that of the protective houses for women, is still used because male behaviour continues to promote that pattern of harassment.

Once these mosaics were presented in the Museum of Contemporary Art, the first inevitable question was: 'And why 'Virgins'?' The answer to that question is the following: 'Virgins' is a collection of women through the mosaic technique. They are art works that do not refer to a physiological state or allude to any religious concept. 'Virgins' is a tribute to women and to their existence at some previous time, before being demonised to give way to the social and political order where the patriarchy of man is established. 'Virgins' are the young girls, teenagers and/or women who become victims of male predators, whether they are fathers, brothers, partners or employers.

'Virgins' are the women who have been raped in any of its modalities—physical, emotional or spiritual—and who are still awaiting justice. 'Virgins' is the habitat, the glass environment where, as trees—like the laurel tree into which Daphne was transformed—they are untouchable to the predatory man.

And what began as a mere expression of an artist through the mosaic technique has become a call, a crusade for the equality of women, and a bringing of awareness of the precarious situations that women find themselves in all areas of their existence, especially in their homes and/or their workplaces. As I went deeper into the 'forest' that I built for these women, I delved into the heartrending statistics of women murdered by their predator-men in Puerto Rico and around the world.

At that moment, I understood that for hundreds of thousands of women to be born female is a death sentence. And when their tragedies do not end in physical death at the hands of a man, in too many cases they are forced to submit themselves to an existence of constant torture. Being born a female is also a sentence to a life of poverty and slavery.

At the beginning of this project, the elaboration of these pieces and the information I was gathering about the conditions of women ran parallel to each other. After completing the first of my 'Virgins,' the Virgin of the Yagrumo — with her stigmata in both hands—I felt how these two paths, my artistic endeavour and the statistics of violence against women, were no longer running parallel, but were inexorably unified. The 'Virgins' gave faces to the statistics, and the statistics were turning into rivers of blood of the women of flesh and blood. I realised the great potential that my work had, of becoming an innovative vehicle that could reveal the three realities which have beset women since the beginning of time: that because of the overwhelming physical strength of men over women, she is at a disadvantage against predators; nature did not give the woman a physical attribute which could protect her from being penetrated without her consent; and that, even though females constitute fifty per cent of the world's population they control barely one per cent of its riches, according to a report of the United Nations.

And so, the first of my 'Virgins,' in the collection that I presented in the Museum of Contemporary Art, set the tone for the remaining nineteen: 'Virgins,' whose bodies showed the stigmata resulting from the physical, mental and spiritual crucifixion which women face just because they were born female.

When I decided that my artistic goal was to complete twenty of these 'Virgins,' at the time, I had no idea the reason for that amount of work. Twenty was not a number that had any apparent relevance—except for the vision I had in Germany as a child, of the tree with the twenty cages—unlike the importance that the number thirteen could have, my birthday, or twelve, for the number of months in the year. I presumed, as I do with so many other situations that have presented themselves to me in life, that its importance would reveal itself with the passing of time. And so it was. In 2006, the collection was presented. That year, twenty women were murdered by their partners (who were actually predators). The number twenty, which would be the number of pieces that I had chosen to do in 2003, was revealed as the number of women murdered in 2006. And so, we dedicated this exhibition—'Virgins'—to the memory of these twenty women. The correlation, though it seemed unforeseen, was inevitable; twenty 'Virgins' and twenty murdered women.

I understood the message. I could not divorce the work of my hands nor its artistic conceptions from the voice of my conscience, which was rebelling at the knowledge of the suffering of millions of women throughout the globe. What my reasoning affirmed was fused to my artistic expression. Those who understand the message and the demands of my 'Virgins' understand that my art and my conscience walk along the same path.

As an artist, I am a social being, and I direct my message to the world of which I am a part. For that reason, when creating these 'Virgins,' moulded in the technique of the mosaic, I see fragmented women, made of bits and pieces of broken glass, as if I were reconstructing an image which had been shattered.

They are 'Virgins' built by thousands of crystals—like one who dresses out of a fragmented existence—but whose face, feet and hands remain whole, as a sign of a totality that manifests itself in the intact truth that remains immaculate in the presence of vexation.

My 'Virgins' are a challenge to the existing masculine order, that is permeated by the patriarchal system that has existed since the beginning of Christianity. Unlike other religions, and their mythologies where there were both goddesses and gods, Christianity imposed a male God as the creator of the universe and a man, Jesus Christ, as the saviour of humanity. Women were relegated to pieces of meat taken from the ribs of the first man that was created by that male God. And since my 'Virgins' are a challenge to that masculine order, I have decided that my creations will cease to be 'Virgins' so they can be baptised with the name they deserve in these times: 'Goddesses.'

'Goddesses' is my way of denouncing the phallocentric culture that has led us to condemn women to a servile existence, and even worse, to a culture where murdering an unwanted partner seems to be a right that men have proclaimed. My forest of 'Goddesses' is dedicated to the women who have died (or have been harassed), the ones who die (or are being harassed), and the ones who will die (or will be harassed).

Virgen del Yagrumo / Virgin of the Yagrumo

'Desde Eva y Lilith, pasando por Juana de Arco y Sor Juana Inés de la Cruz, hasta la Malinche de las tierras aztecas, la mujer ha sido signo de desobediencia y perdición. […] Mis vírgenes en su bosque son un llamado para cobrar conciencia de la situación social de la mujer a lo largo y ancho del planeta'.

—Vírgenes

'Ever since Eve and Lilith, going through Joan of Arc and Sister Juana Ines de la Cruz, to the Malinche of the Aztec lands, woman has been a sign of disobedience and downfall. […] My goddesses in their forest are a call to awareness of the social situation of woman throughout the breadth and depth of the planet.'

—Virgins
Cuando mi nombre no sea mi nombre,
y mi voz no se confunda con tu aliento
recordarás quien fui
en la memoria silente de tus labios.

Dejaré de ser quien fui
en el infinito círculo de vida
que no tiene principio ni fin
y seré quien quiera ser.
Y si escogiera ser el rocío mañanero
me posaría sobre tus pétalos;
y si fuera un pétalo que cae libre al suelo
nutriría tus raíces;
y si fuera raíz,
bebería de tu río;
si fuera río,
recorrería tu cauce;
si fuera tu cauce,
desembocaría en tu mar;
si fuera mar,
daría vida a los peces;
si fuera pez,
moriría sin tu sal;
si fuera sal,
sería sal de una lágrima
que se posa en tus labios;
si fuera labios,
saborearía tu voz;
si fuera voz,
me nutriría de tu palabra;
si fuera palabra,
me perdería en tu aliento;
si fuera aliento
sentiría tu humedad;
si fuera humedad,
me condensaría para ser rocío
para dar de beber a tus pétalos cada amanecer.
—Vírgenes eróticas y ángeles lascivos

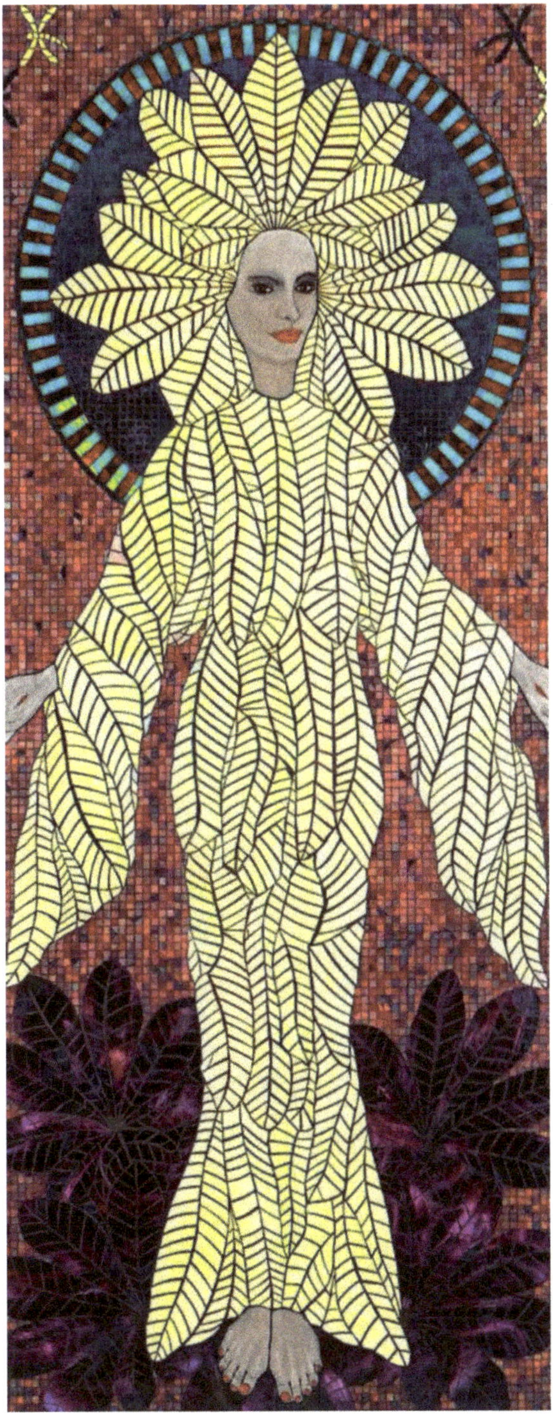

When my name is no longer my name
and my voice is not drowned by your breath
only then will you remember who I was
in the silent memory of your lips.
I will cease to be who I was
in the infinite circle of life
that has no beginning and no end
and I will be whomever I want to be.
And if I chose to be the morning dew
I would poise myself on your petals;
and if I were a petal that falls free to the ground
I would nurture your roots;
and if I were a root
I would drink from your river;
and if I were a river
I would travel your path;
and if I were your path
I would flow into your ocean;
and if I were your ocean
I would give life to the fish;
and if I were the fish
I would perish without your salt;
and if I were salt
I would be the salt in a teardrop
that rests on your lips;
and if I were lips
I would savour your voice;
and if I were voice
I would be nurtured by your words;
and if I were words
I would lose myself in your breath;
and if I were breath
I would feel your moisture;
and if I were moisture
I would condense into morning dew
to water your petals every sunrise.

—Erotic Virgins and Lascivious Angels

La luna llena
de orgasmos plateados,
germina la luz.
—Mosaikus, Enero 12

On a full mooned night
of silver tinged orgasms
light germinates.
—Mosaikus, January 12

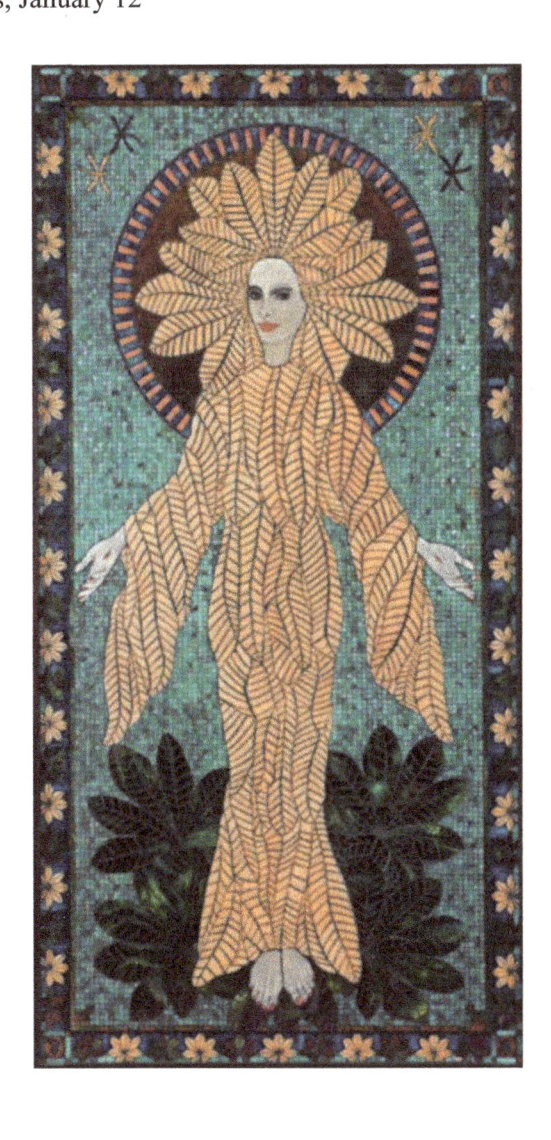

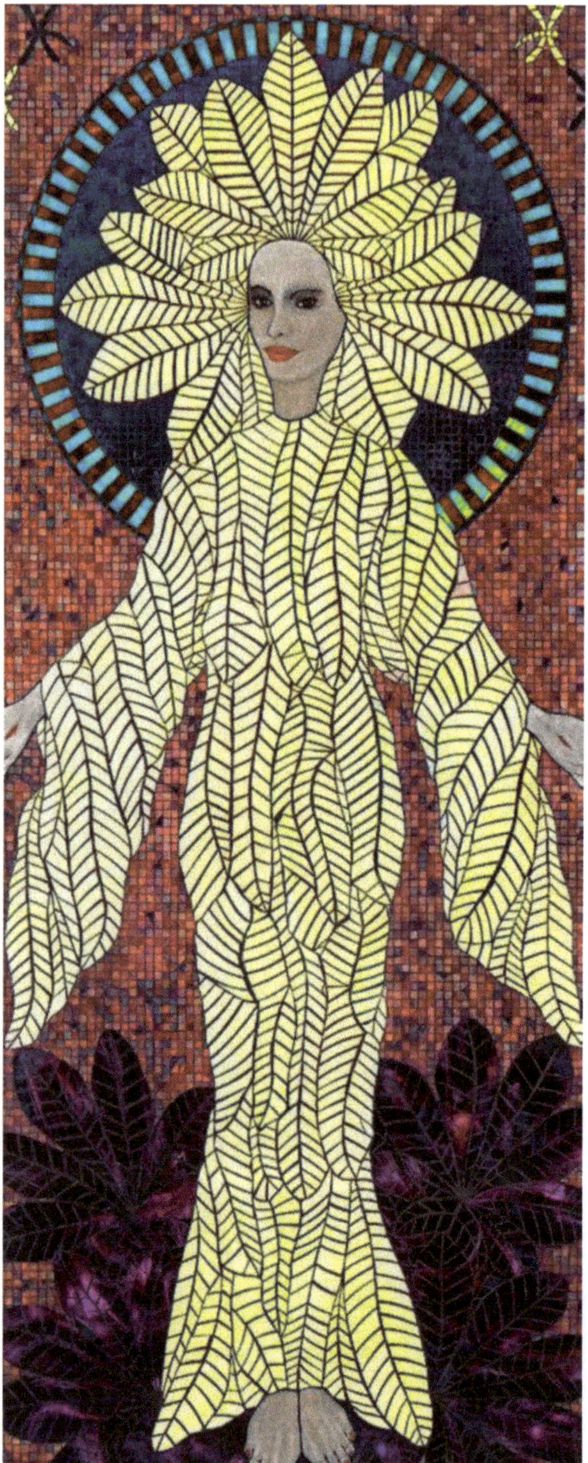

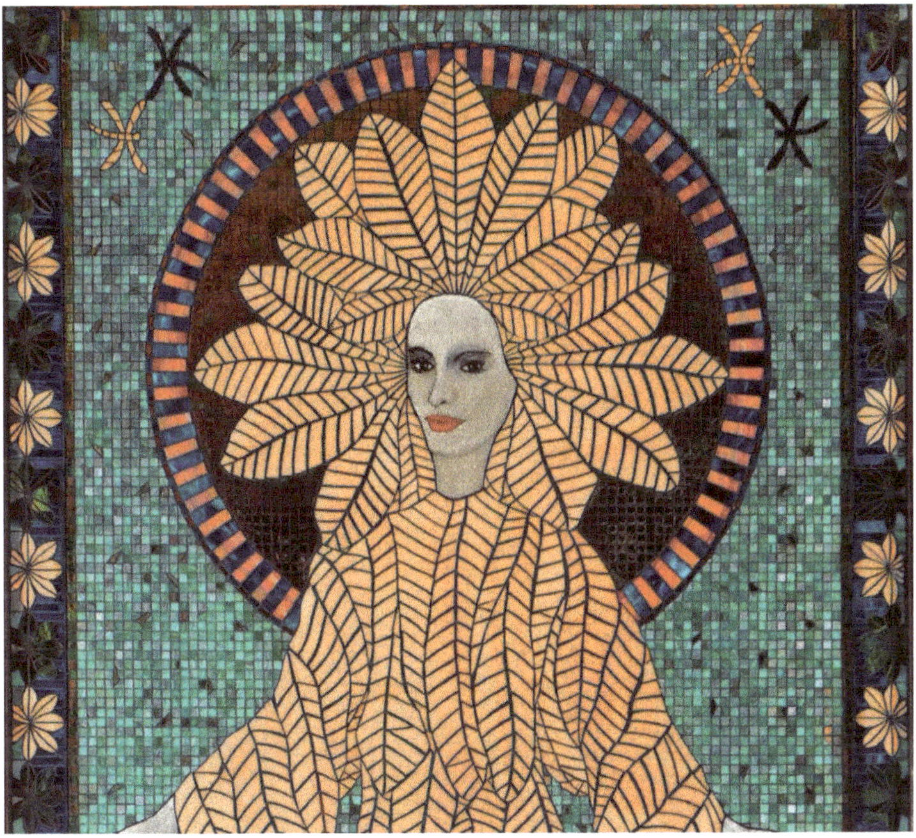

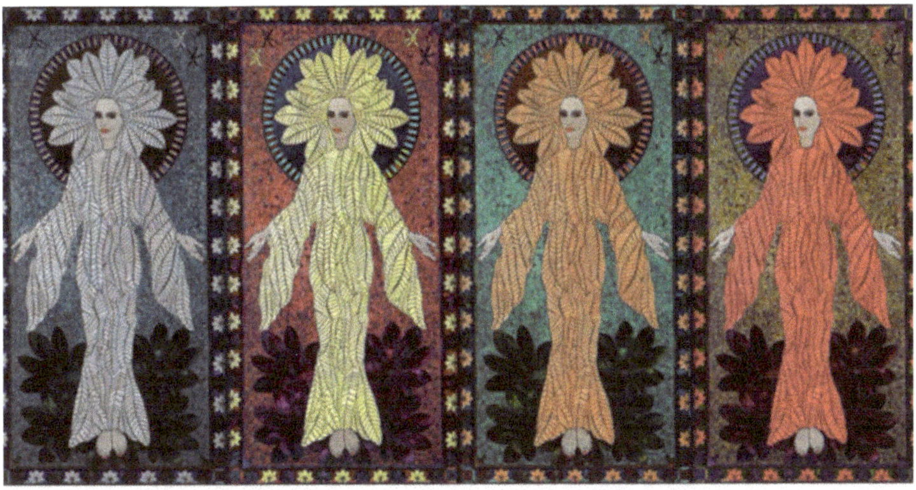

'Sus rizos negros parecían una extensión de un cielo huérfano de estrellas y se movían con el viento como las olas que formaba el trasatlántico Antonio López a su paso sobre aquel misterioso mar lleno de secretos; tan callado como la muchacha que tanto empezaba a interesarle. Los bucles le caían justo sobre unas bien definidas cejas que le hicieron pensar que detrás de aquella delicada joven había una mujer de un carácter indomable'.

—Semillas Amargas

Tras la esperanza del oro negro

'Her black locks seemed like an extension of a starless night and moved in the wind like the waves that the transatlantic Antonio Lopez formed as it cut through the waters of that mysterious ocean full of secrets; as silent as that young woman which began to interest him greatly. Her locks fell right on her well-defined brows which made him think that behind that delicate face was a woman of indomitable character.'

—Bitter Seeds The Quest for the Black Gold

Virgen de la Magnolia Puertorriqueña/Virgin of the Puerto Rican Magnolia

'Por ello, cuando veo estas vírgenes, veo mujeres fragmentadas, compuestas por pedazos de vidrio como quien reconstruye una imagen previamente quebrada; vírgenes compuestas por miles de fragmentos, como quien se viste de una existencia fragmentada, pero que cuyo rostro, cuerpo y manos permanecen unificados como signos de una sola unidad, que es la Verdad intacta, la que permanece inmaculada; lo salvable'.

—Vírgenes

'And it is for this reason, when I see these virgins, I see fragmented women, made up of pieces of glass, as when one reconstructs an image that has been previously shattered; virgins made up of thousands of slivers, as one who dresses in a fragmented existence, but whose face, body and hands remain whole and their wholeness is the unerring Truth, the immaculate; the salvageable being.'

—Virgins

Como una borrasca
cuyas nubes están preñadas de deseos.
Lloverá mi vida sobre tu existencia
cuando a tu vida, esa agua le haga más falta
y entenderás que el riachuelo
que corría por la palma de tu mano
era yo que llovía simplemente para poder tocarte.
Como un temporal
cuyas nubes están gestantes de colores.
Lloverá mi vida sobre tu vida
cuando las flores de primavera
empiezan a marchitar y
entenderás que aquel arcoíris
que se anidaba en tus labios
era yo que llovía para besarte.
Como un diluvio
cuyas nubes están gestantes de fertilidad.
Lloverá mi vida sobre tu vida
cuando más pienses en tu muerte
y tu vida empiece a secarse.
Beberás de esa lluvia que se adueña del río
que se convierte en el cauce de tu vida,
nadarás en el agua que cosecho con mis manos,
y comenzarás a retollar
mientras aquel paraíso seco y cuarteado
será fértil para mi semilla ansiada
cuando mi vida llueva sobre tu existencia.
—Vírgenes eróticas y ángeles lascivos

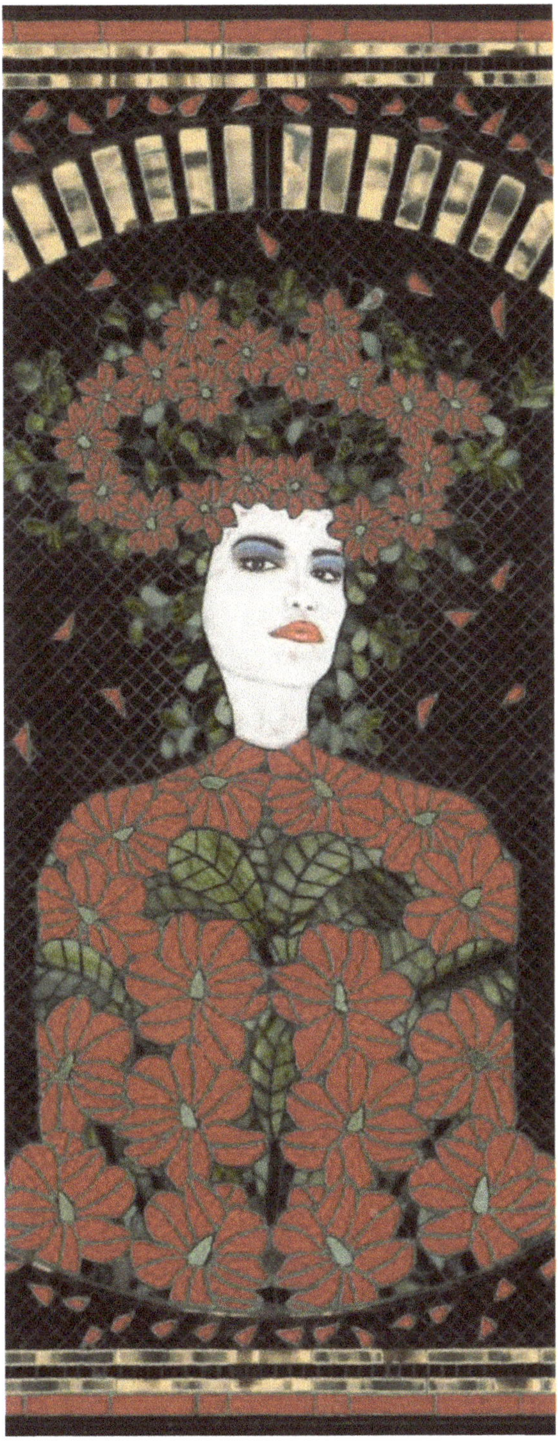

Like a storm
whose clouds are pregnant with desire.
My life will rain on your existence
when your life is most in need of that water
and you will understand that that stream
that flowed through the palm of your hand
it was me that rained simply to be able to touch you.
Like a tempest
whose clouds are expectant with colours.
My life will rain over your existence
when the flowers of spring
begin to wither
and you will understand that the rainbow
that nested in your lips
was me who rained so that I might kiss you.
Like a deluge
whose clouds are expectant with fertility.
My life will rain over your existence
when you think most of your death
and your life begins to dry.
You will drink that rain that takes possession of the river
that transfigures into the waterway of your life,
you will swim in the water I harvest
and you will begin to bloom
while that dry and fractured paradise
will become fertile for my anxious seed
when my life rains over your existence.
—Erotic Virgins and Lascivious Angels

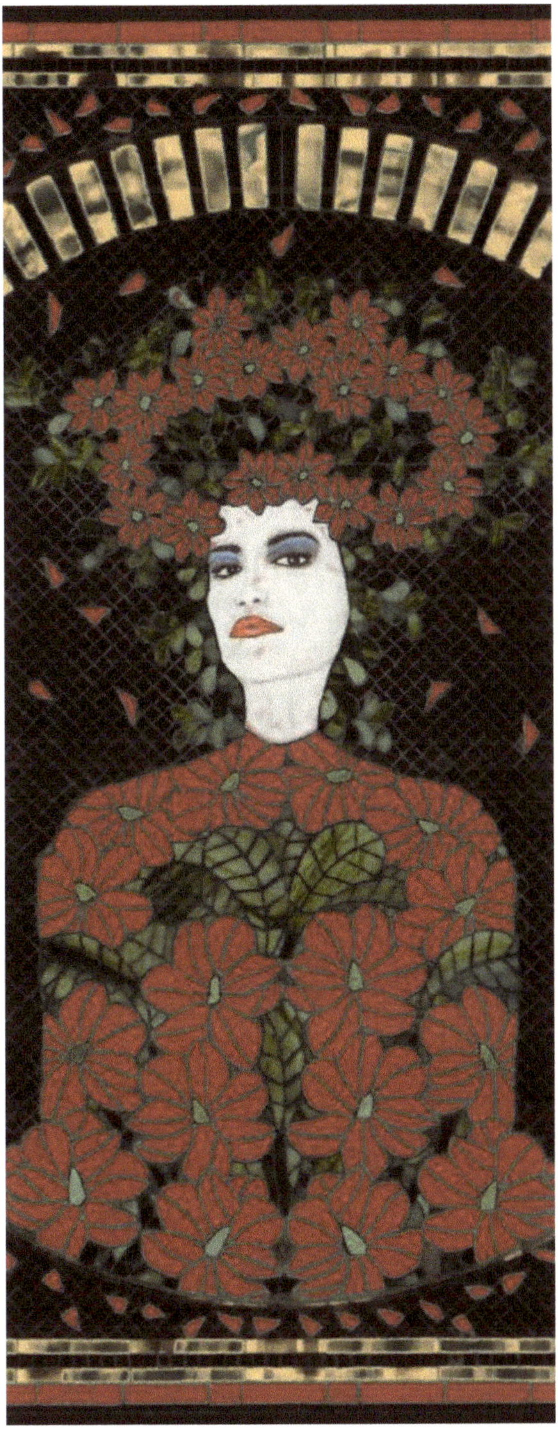

La luna roja
palidece, y nace
la nueva mujer.
—Mosaikus, Febrero 6

As the red moon pales
announcing a stellar birth
a new woman shines.
—Mosaikus, February 6

'La llama iluminó su rostro y por primera vez tuvo la oportunidad de observarla de cerca. Hasta entonces no se había percatado cuán cautivadora era la extraña belleza de aquella muchacha de tez color oliva y unas pupilas negras que brillaban con la misma fuerza del satélite plateado que alumbraba el cielo en aquella noche tan larga. La impresión fue tal que se desató en él una atracción incontenible por el rostro de aquella enigmática mujer.

Alessandro no pudo contenerse. '¡Sus ojos… tan bellos! ¡Cuántos hombres no darían la vida por ser dueños de tanta belleza!'

—Semillas Amargas Tras la esperanza del oro negro

The flame illuminated her face, and for the first time, he had the opportunity to see her up close. Until that moment he hadn't realised how captivating the strange beauty of that young woman was: the olive-coloured skin and the huge black pupils which shone as forcefully as the silvery satellite which illuminated the sky on that long night. The impression was such that an irrepressible attraction was unleashed towards that enigmatic woman's face.

Alessandro could not contain himself. 'Your eyes... so beautiful! How many men would not give their lives to call such a beauty their own'!

—Bitter Seeds The Quest for the Black Gold

Guardianas del Bosque del Café / Guardians of the Coffee Forest

'…allí, para mi sorpresa, se encontraban Anke y Elke sentadas, desnudas, señalándome el camino a seguir. Esa noche, no eran mis amigas de juego, sino las guardianas del bosque hermanadas con la luna'.

—Vírgenes

'…there, to my surprise, where Anke and Elke seated, naked, signalling me the path to follow. That night, they weren't my playing companions, but the guardians of the forest in sisterhood with the moon.'

—Virgins

Me tocaste con la honradez
que sangraba de tus ojos
porque mi sexo esclavizado por tu ausencia
solo podía comer de tus recuerdos
que acogías con piernas abiertas
para que la ola de tus deseos,
que se lanzaban contra tu vientre

corroyera mi cuerpo con el incasable salitre
hasta que solo quedara de mí
el recuerdo de una mancha de moho sobre tu pecho.
Me tocaste con el embrujo de tu sonrisa
porque mis labios enloquecidos por tu ausencia
que solo podían comer de tus memorias
se consolaron contando los granos
de arena que nos roba el mar
y que suplicaba por beber sangre
de la herida de tu costado;
sin tenerle miedo al fuego,
una y otra vez
hasta que solo quedara de mí
el cristal derretido de la arena sobre tu pecho.
Me tocaste con la transparencia de tu espíritu
porque mis ojos cegados por tu ausencia
solo podían ver el dolor de tu olvido
mis plegarias, ausentes de dirección
se despedazaban contra el portón del cielo
ante la indiferencia de los dioses
que embrujaron la luna con flechas plateadas
y cuya luz hace sangrar a las nubes
igual que tú, que traspasaste mi vida con esas flechas
dejando un mar de sangre sobre tu pecho.
Me tocaste con la inocencia de tu aroma
porque mi desorientado olfato purgaba sus penas
en el laberinto de los que enloquecen
ante la imposibilidad de captar tu fragancia
que solo yo podía distinguir
y si he de escoger
entre la luz en la oscuridad
y el aroma de tu presencia
que sepa el sol
que le regalo mis ojos.
—Vírgenes eróticas y ángeles lascivos

You touched me with honesty
that bled from your eyes
because my sex enslaved by your absence
could only feed on your memories
which you sheltered with spread legs
so that the waves of your desires
that threw themselves against your womb
corroded my body with the tireless sea salt
until all that remained of me
was the memory of a stain of rust on your chest.
You touched me with the spell of your smile
because my lips driven mad by your absence
that could only feed from its memories
consoled themselves counting grains
of sand that the sea steals from us
and that begged to drink the blood
from the wound on your side;
without fearing the fire,
time and time again
until all that remained of me
was the molten glass of the sand on your chest.
You touched me with the transparency of your spirit
because my eyes blinded by your absence
could only see the pain of your forgetfulness
my prayers, absent of direction
tore themselves apart against heaven's gate
upon the indifference of the gods
who bewitched the moon with silver arrows
whose borrowed light makes the clouds bleed
just like you trespassed my life with those arrows
which left a sea of blood on your chest.
You touched me with the innocence of your aroma
because my disoriented scent purged its sadness
in the labyrinth of those who lose their minds
upon the impossibility to grasp your fragrance
that only I could distinguish

and if I am to choose
between the light in the dark
and the aroma of your presence
let the sun know
that I will gift it my eyes.
—Erotic Virgins and Lascivious Angels

Cada capullo
es para el soñador
una nueva flor.
—Mosaikus, Febrero 13

Each bud that is born
to a dreamer
is a new flower.
—Mosaikus, February 13

'Alessandro no la había visto desde que la muchacha tenía trece años de edad, momento en que su madre la había internado en Francia en un colegio fundado en el siglo XIV por la escritora y defensora de las mujeres Cristina de Pizán. En esa escuela —que llevaba el nombre de uno de los más conocidos libros de Pizán: La casa de las mujeres— habían florecido en Rosa Cantisani las ideas feministas con los cuales su madre le había alimentado el espíritu desde la infancia'.

—Semillas Amargas Tras la esperanza del oro negro

'Alessandro hadn't seen her since she was thirteen years old when her mother had sent her to a school in France which had been founded by the writer and defender of women's rights Cristina de Pizan in the fourteenth century. It was at that school—which was named after one of Pizan's best-known books: The Women's House—that the feminist ideas with which Rosa's mother had always imbued her spirit since she was an infant bloomed in Rosa Cantisani.'

—Bitter Seeds The Quest for the Black Gold

Virgen de la Orguídea / Virgin of the Orchid
'…protegiendo el recinto donde las mujeres buscan albergue y protección de la violencia doméstica…'.

—Vírgenes
'…protecting the safe place where women seek refuge and protection from domestic violence…'

—Virgins

Antes de que me vengan a fusilar
te robo una sonrisa
para ponerla sobre el horizonte
que nadie me podrá quitar
por si algún día el sol muere
y me quedo sin atardeceres
sobre el tranquilo y enamorado océano
que una vez compartimos.
Antes de que me vengan a acribillar
te robo una lágrima salada
para que los peces desamparados
que nadan en mis ojos

naden en los tuyos
aunque jamás podremos regresar
al tranquilo océano enamorado
que una vez compartimos.
Antes de que me vengan a extraer
la última gota de sangre de mi cuerpo
me robo el rocío de tus labios
para que en él naveguen los poemas
que te he escrito en mi corazón de papel
porque el río de mi vida
no podrá desembocar
en el tranquilo y enamorado océano
que una vez compartimos.
Antes de que me vengan a ajusticiar
te robo una pluma hechizada
que se desprende de tus alas cuando sueñas
para que en mis sueños podamos ser
las dos alas de un mismo amor
que dejó de volar
cuando empezó a secar
el tranquilo y enamorado océano
que una vez compartimos.
Antes de que me vengan a exterminar
te robo el ruiseñor que anida en tu boca
que solo canta
cuando besas a los niños
que huyen de tantos malos tratos
y prefieren morir en tus brazos
que vivir bajo la tiranía
en el tranquilo y enamorado océano
que una vez compartimos.
Ya han llegado, me vienen a ejecutar.
Por último, te robo los cristales
que puliste con la arena de tus playas
para hacerle unos vitrales
a los nidos de tantos pájaros piadosos

que una vez salidos del protegido cascarón
rezarán contigo cuando te enteres
que me ahogaron en la sangre
del tranquilo y enamorado océano
que una vez compartimos.

A la memoria de Federico García Lorca, fusilado a comienzos de la Guerra Civil Española.

—Vírgenes eróticas y ángeles lascivos

Before they come to shoot the life out of my body
I will steal one of your smiles
and put it on the horizon
one that no one will sequester
in case the sun perishes one day
and I am left without sunsets
over the tranquil and enamoured ocean
that we once shared.
Before they come to riddle my body with bullets
I will steal one of your salty teardrops
so that the helpless fish
that swim in my eyes
may swim in yours
even though we may never return
to the tranquil and enamoured ocean
that we once shared.
Before they come to extricate
the last drop of blood from my body
I will steal the morning dew from your lips
so that in it, the poems I have written
on my paper heart may navigate
since the river of my life
will never be able to disembogue
into the tranquil and enamoured ocean
we once shared.
Before they come to fetch me
I will steal one of your bewitched feathers
that falls off your wings when you dream
so that in my dreams we may be
the two wings of our love
that ceased to fly
over the tranquil and enamoured ocean
we once shared.
Before they come to execute me
I steal the nightingale that nests in your mouth

and only sings
when you kiss the children
that flee mistreatment
to die in your arms
rather than to live under tyranny
over the tranquil and enamoured oceans
that we once shared.
They have arrived to take me before the firing squad.
As my final act, I steal the glass shards
that you polished with sand of your beaches
so I can create stained-glass windows
for the nests of so many pious birds
that once they leave their protective egg
will pray beside you when you hear
that I was drowned in the blood
of the once tranquil and enamoured ocean
that we once shared.

To the memory of Federico García Lorca, shot at the beginning of the Spanish Civil War.

—Erotic Virgins and Lascivious Angels

Libidinosa
fluye orgasmo virgen
árbol de goma.
—Mosaikus, 23 Febrero

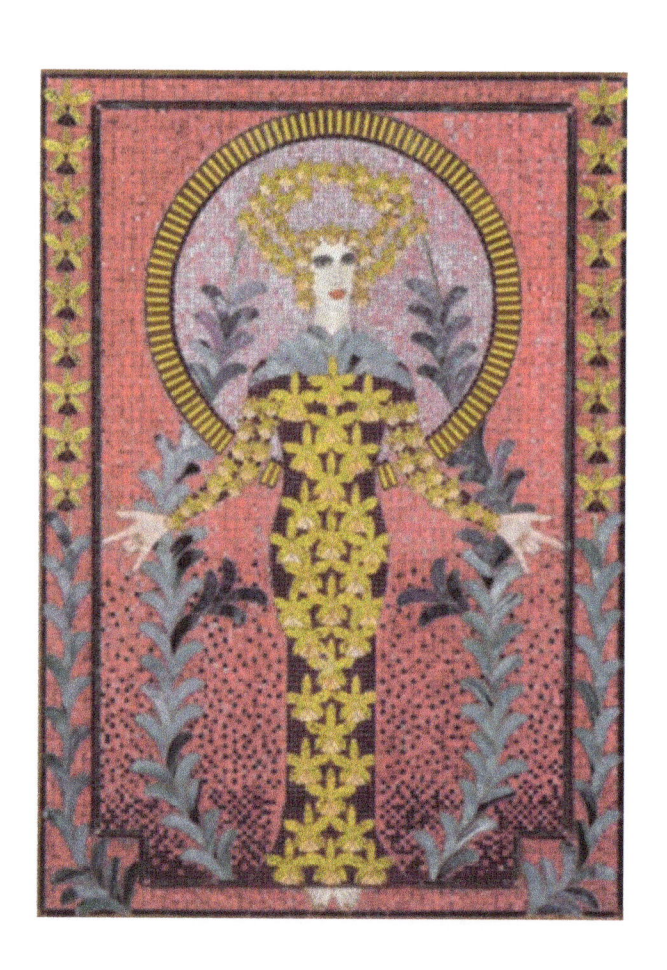

Libidinous
flows the virgin orgasm
of the rubber tree.
—Mosaikus, 23 February

'Toda esa represión quedó atrás desde el momento en que Marula le adiestró las manos para que aprendiera a dejar el egoísmo personal fuera de la cama. Los labios de Marula le enseñaron a Alessandro que su prioridad no podía ser su propia gratificación. La mujer no era simplemente un vientre donde alojar su semilla, sino una criatura de placer que mientras más placer recibía, más se entregaba a sus ansias de satisfacer a su pareja'.

—Semillas Amargas Tras la esperanza del oro negro

'All those repressed feelings were left behind the moment Marula taught his hands to set aside any selfishness in his bedroom ruminations. Instead, Marula's lips showed Alessandro that his priority should not be his own gratification. Women were not just a womb in which to plant his seed, but rather a creature of pleasure, who, the more pleasure she received, the more she delved unabashedly into satisfying her partner.'

—Bitter Seeds The Quest for the Black Gold

Virgen del Guayacán / Virgin of the Guayacan

'Anke y Elke me enseñaron la canción de las libélulas y cómo éstas obran siempre a favor de las mujeres para protegerlas de un orden manipulado a favor del hombre'.

—Vírgenes

'Anke and Elke taught me the song of the dragonflies, and how they act in favour of women to protect them of an order manipulated in favour of men.'

—Virgins

Mis palabras salpicarán el plomizo paredón
como gotas de sangre baleada,
pero mi mensaje quedará incólume
porque cuando salí a buscar mi muerte
encontré mi libertad
y cuando salí a buscar mi libertad,
encontré mi muerte.
Lograrás recordar

que mi piel fue como la superficie del océano
que sin hacer olas penetraste
con la serenidad de tu mano
para cabalgar juntos
sobre los caballos de mar
en la hondura de mi corazón.
Podrás rememorar
que mi piel fue el velo
que cubría tu cielo nocturno,
aquel que con tus ojos marrones
penetraste su negra armadura
para hacerte labios de mil estrellas
con los cuales me besaste
para que tu lengua pintase
el cielo de nuestras bocas.
Alcanzarás a recordar
que mi piel fue la corteza de un árbol
que mojaste con tu llanto
para ablandar aquella coraza
que siempre te impedía
tallar tu nombre junto al mío
que tantas veces intentaste
en un delirio obsesionado
con el ensangrentado cuchillo
de tu enamorado corazón.

Conseguirás rememorar
que mi piel fue
el caudaloso murmullo de un río
al cual te lanzaste
buscando en su abismo la muerte
para habitarla dormida conmigo,
pero irónicamente donde en vez encontraste
una razón para continuar viviendo
y luchando por nuestra causa.
Mis palabras salpicaron el plomizo paredón

como gotas de poemas baleados,
pero mi mensaje quedara incólume
porque cuando salí a buscar la muerte,
encontré la libertad,
y cuando salí a buscar la libertad,
encontré la muerte.

Poema dedicado a los poetas españoles Antonio Machado y Miguel Hernández, y a sus esposas.

—Vírgenes eróticas y ángeles lascivos

My words will splatter the wall
like drops of riddled blood,
but my message will remain unscathed

for when I parted in search of my death
I found my liberty
and when I parted in search of my liberty,
I found my death.
You will remember
that my skin was like the surface of the ocean
which you penetrated
with the serenity of your hand
without making waves
so that we could ride together
the sea horses that galloped free
into the bloody abyss of my heart.
You will recall
that my skin was the veil
that covered your nocturnal sky,
whose black armature you penetrated
with your brown eyes
to make yourself lips of a thousand stars
with which you kissed me
so that your tongue could paint
a starry night in my mouth.
You will reminisce
that my skin was the bark of a tree
which you soaked in your tears
to soften that armour
that always deterred you
from carving your name next to mine
no matter how many times you tried
in a delirious obsession
with the bloody knife
of your enamoured heart.
You will call to mind
that my skin was that overflowing river
of murmuring waters
into which you jumped
looking in its profound abyss my death and yours

so we could sleep eternally in its arms,
but where ironically you found
a reason to go on living
fighting for our cause.
My words splattered the lead-filled wall
like drops of bullet-riddled poems,
but my message will remain unscathed
for when I parted in search of my death,
I found my liberty,
and when I parted in search of my liberty,
I found my death.

Poem dedicated to the Spanish poets Antonio Machado and Miguel Hernandez, and to their wives.
—Erotic Virgins and Lascivious Angels

Tan embriagadas
de azules, las flores
el cielo sueña.
—Mosaikus, 27 Enero

The cloudless sky dreams
a drunken majestic dream
of breathtaking blues.
—Mosaikus, 27 January

'Allí se vería con Rosa Cantisani, una hermosa joven a quien conocía desde niña, pero que recién comenzaba a interesarle al ver cómo su escuálido cuerpecillo de ballerina di danza classica se había transformado en un espléndido cisne capaz de desplazarse por cualquier escenario y hacer suspirar a la audiencia con la gracia de sus movimientos, su bien proporcionada figura y su 'ángel'. Cuando bailaba, se recogía su largo cabello en un moño alto trenzado que permitía al observador concentrar su mirada en su siempre jovial sonrisa y en la aparente ingenuidad de sus ojos, sin distraerse con un curioso mechón blanco que resaltaba en su cabellera negra'.

—Semillas Amargas Tras la esperanza del oro negro

'There he would meet up with Rosa Cantisani, a beautiful young woman whom he had known since she was a child, and who had just begun to interest him as he noted how her skinny body apt for a ballerina di danza classica had transformed itself into a splendid swan capable of moving in any stage, making her audience sigh with the grace of her movements, her well-proportioned figure and her 'presence'. When she danced, she tied her hair in a braid on top of her head, which allowed any observer to concentrate on her youthful smile, in the apparent ingenuity of her eyes, and to remain undistracted by a curious white streak highlighted on her black hair.'

—Bitter Seeds The Quest for the Black Gold

Virgen del Lirio Tigre / Virgin of the Tiger Lily

'Mis vírgenes en su bosque son un llamado para cobrar conciencia de la situación social de la mujer a lo largo y ancho del planeta'.
—Vírgenes

'My virgins in their forest are a call to raise awareness about women's social situation throughout the world.'
—Virgins

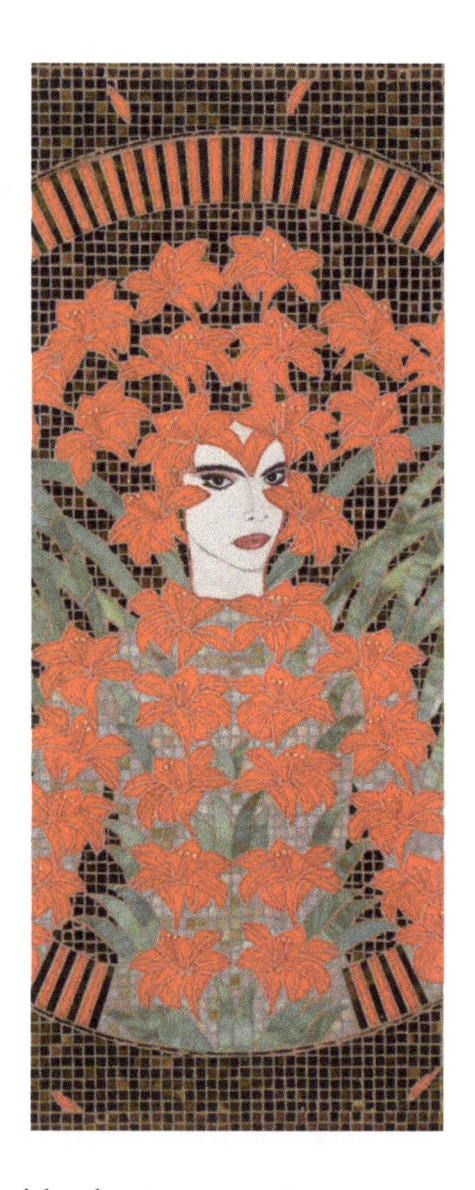

Despójate de la piel pudorosa que avergüenza
para que en tu desnudez te enfrentes a la luna
y te llenes de su enamorada luz.
Con la plateada luz de la noche,
enciéndele el sendero a seguir
a mis ganas, que no te hallan
en la oscuridad de su desespero.
Permite que la marea de tus deseos
suba con mi fuerza y baje con mi cansancio

y no dejes que los dogmas de lo debido
cohíban nuestro delirio por lo indebido.
Ondulemos al vaivén de las olas
que se lanzan sobre la playa y se retiran,
mientras la luna distraída
se olvida de apagarnos la noche.
Dime si al abrir la ventana de tu alcoba
sientes mi húmeda luz penetrando tus deseosas sábanas
que embriagadas de placer se mojan en la noche
con la espuma de nuestras ganas.
—Vírgenes eróticas y ángeles lascivos

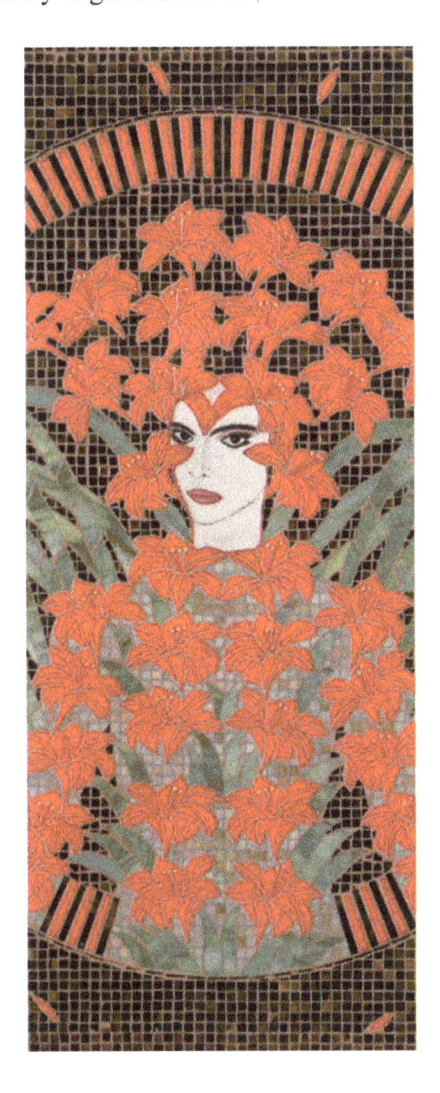

Strip yourself of the modesty of your skin that feels shame
so that in your nakedness you confront the moon
and are filled with her loving light.
With the silvery light of the night
enlighten the path to follow
for my desires, that cannot find you
in the obscurity of their desperation.
Allow the tide of your desires
to rise with my strength and fall with my tiredness
and don't allow the dogmas of what is proper
inhibit our delirium for what is improper.
Let us undulate with the movement of the waves
that throw themselves against the beach and recede
while the distracted moon
forgets to turn off the night.
Tell me if when opening the window of your bedroom
you feel my moist light penetrating your craving sheets
that drunken with pleasure moisten in the night
with the froth of our desires.
—Erotic Virgins and Lascivious Angels

Sin el manzano
no habría pecado
ni santo placer.
—Mosaikus, 28 Agosto

Without the apple
there would be no sinfulness
nor would there be joy.
—Mosaikus, 28 August

'A pesar de que nunca había tenido hijos, se acercó a la piel dolorida de la chica, con la amorosa seguridad que suelen proyectar los padres en circunstancias de extrema necesidad. Aquel gesto llevó a la joven, quien no había conocido a su procreador, a pensar que estaba frente a un hombre que no tenía malas intenciones. En su corta vida había aprendido que el interés de los hombres por ella siempre era sexual. Ningún hombre había hecho nada por ella con tal cuidado…'.

—Semillas Amargas Tras la esperanza del oro negro

'Although he had never had children, he tended the bruises on her skin with the loving, steady hand of a parent confronted with a serious condition. That gentle, caring behaviour on his part, made her think that this man perhaps was truly preoccupied with her well-being. In her short life, she had quickly learned that the only interest men had in her was sexual. Never having even met the man who engendered her, no one had ever been so kind towards her…'

—Bitter Seeds The Quest for the Black Gold

Virgen del Loto / Virgin of the Lotus
'La mujer muerta queda representada por la Virgen del Loto'.
—Vírgenes
'The lifeless woman is represented by the Virgin of the Lotus.'
—Virgins

Mi amor por ti lo pones a prueba cada otoño
cuando el sol nos acaricia
con su luz enamorada,
el frío de madrugada nos arropa
y no permite que amanezca el sol
y el reloj confunde la noche y el día.
Los rayos enojadizos del sol
tratan de encender la chimenea
y el húmedo rocío de la mañana

se condensa en tus ojos de vitrales.
El agua diluye los colores de la madrugada.
y los vitrales se quedan incoloros
mientras tu vida se llena de sus colores.
Te ausentas de mi mundo
y te adentras en tus océanos
donde se te hace factible
sembrar árboles, en el abismo de tu mar
y solo tú haces posible
criar peces vivos en un mar muerto.
Pero te causa pánico
pensar que la Muerte me espera en tu océano
así que rescatas los vitrales pulidos por la arena de mi playa
para acallar tu dolor porque al final,
la existencia acaba siendo un naufragio.
Mi amor por ti lo pones aprueba cada otoño
cuando tu sol salado se hace dulce
al besar la miel de mis panales
y el café que sabía tan salado
ahora sabe dulce con los rayos que le robas al sol
que te llenan los ojos delirantes con espejismos
para que no sepas cuando es de noche
y cuando es de día.
Porque el sol se desviste de su piel negra de verano
y se viste con la piel blanca del invierno.
Te ausentas de mi mundo
y te adentras en tus océanos
donde se te hace posible
descender al establo que te espera en el fondo del mar
para trenzarle los rabos a los caballitos de mar
y tallar con el cuchillo que duerme al lado de tu corazón
nuestros nombres en el abismo del mar.
Sí, mi amor por ti lo pones a prueba cada otoño,
cuando el sol se enfría
con la escarcha de tus palabras
y mi cuerpo se congela

con la nieve de tu mirada.
—Vírgenes eróticas y ángeles lascivos

Every autumn you put to test my love for you
when the sun caresses us
with its enamoured light
the cold of dawn tucks us
and doesn't allow the sun to rise
and the clock confuses night with day.

The annoyed rays of the sun
try to kindle the chimney
and the moist dew of the morning
condenses in your stained-glass eyes.
The water dilutes the colours of dawn
and the stained-glass remain colourless
while your life fills with its colours.
You take a leave of absence from my world
and you immerse yourself in your oceans
where it is feasible
to plant trees in the abyss of your sea
and only you make it possible
to breed live fish in a dead sea.
But it causes you to panic
to think that Death awaits me in your ocean
so you rescue the stained-glass polished by the sand of my beach
to silence your pain because in the end,
existence ends up being but a shipwreck.
Every autumn you put to test my love for you
when your salty sun becomes sweet
when it kisses the honey in my beehive
and the coffee that tasted so salty
now tastes sweet with the rays you steal from the sun
that fill your delirious eyes with mirages
so that you won't know when it is night
and when it is day.
Because the sun undresses its black summer skin
and dresses with the white skin of winter.
You take a leave of absence from my world
and you immerse yourself in your oceans
where it is possible for you
to descend to the horse shed that awaits you in the sea's bottom
to braid the tails of the sea horses
and to carve with the knife that sleeps beside your heart
our names in the abyss of the sea.
Yes, every autumn you put to test my love for you,

when the sun turns cold
with the frost of your words
and my body freezes
with the snow in your stare.
—Erotic Virgins and Lascivious Angels

En aleteo
de pétalos añiles
vuela el iris.
—Mosaikus, 26 Enero

Like a blue-winged bird
with its indigo petals
the iris flies.
—Mosaikus, 26 January

'Aquellas mariposas se posaron una a una sobre su piel hasta que le cubrieron la totalidad del cuerpo. Al ver la belleza de sus alas se quedó quieto para no asustarlas, pero con la misma velocidad con que habían arropado su cuerpo, todas las mariposas, prácticamente al unísono, alzaron vuelo y formaron un remolino frente a sus ojos. Poco a poco aquella vorágine de cientos de blanquinegras alas adoptó la figura de una mujer. La traslúcida silueta femenina se encontraba suspendida frente a él. Batía con suavidad unas inmensas alas con unos preciosos patrones que alternaban entre el negro y el marfil, con unos 'ojos' azules y rojos que parecían mirarlo con cierto misterio'.

—Semillas Amargas Tras la esperanza del oro negro

'One by one, the fluttering butterflies gently cascaded on his skin and wrapped his body in their beauty. He remained quiet as he admired their colourful wings perched over him, so as not to frighten them. Yet with the same speed with which they landed on him, they suddenly took flight and regrouped into a whirlwind before his eyes. Very slowly this maelstrom of fluttering wings began taking the shape of a woman. The translucent feminine silhouette seemed to be suspended before him. Two large wings, whose beautiful designs alternated between black and ivory, seemed to gently whip the air, her blue and crimson 'eyes' mysteriously focused on him.'

—Bitter Seeds The Quest for the Black Gold

Virgen de las Rosas / Virgin of the Roses

'Entre ellos, hablan sobre la mutilación sexual de la mujer por la Virgen de las Rosas y la falta de su dedo meñique'.

—Vírgenes

'Amongst them, they talk about the sexual mutilation of women because of the Virgin of the Roses and her missing little finger.'

—Virgins

Es la noche de menstruación roja
y adoquines azules
que atrapan el húmedo negro de la noche
silencio blanco en boca de perros realengos
oídos de brea sordos a los aullidos,
hojas de labios verdes
que besan la luna pálida:
incesto sonámbulo en busca de presa,
sacrificio ancestral para apaciguar las diosas
y las ansias de los depredadores.

Es la noche de menstruación roja
y adoquines azules
que acorralan el pecado negro de la noche;
en la playa, las olas se comen las murallas
y en la ciudad el polvo blanco se traga a los niños
que esconden tras sus anhelos
mientras afilan sus pupilas
para cortar el silencio de la noche
que sangra ante el rebaño de sordos,
y las ganas de los depredadores.
Es la noche de menstruación roja
y adoquines azules
que se aferran a los senos negros de la noche
el carnívoro blanco acecha a su presa,
pero la niña no tiene carne que dar
y como no le llega el olor de su primer periodo
llena su falta de tetas con algodón
y no deja que nadie se las toque,
pero imanta todas las miradas lascivas
que los luciferinos borrachos le arrojan
y que pone a los depredadores a salivar.
Es noche de menstruación roja
y adoquines azules
que esclavizan las lágrimas negras de la noche:
sendero donde se esconde el cura
para vestirse con tela de sombra
invisible al brillo de la plateada luna,
su sotana negra llena de estrellados pecados
busca una oveja para su hostia blanca
y se conforma con los desechos
de la manada de los depredadores.
Es noche de menstruación roja
y adoquines azules
que se adueñan de los "puntos" negros de la noche:
el bichote se engalana de blanco
para confundirse con el polvo blanco de la luna

su motora niquelada descansa sobre un altar
cubierta de cenizas de cuaresma
y en la catedral un predicador
advierte a su rebaño de ovejas
que el depredador se sentará en su trono
en las noches de menstruación roja
y adoquines azules.
—Vírgenes eróticas y ángeles lascivos

It's the night of red menstruation
and blue-bricked roads
that trap the black humidity of the night
white silence in the mouth of stray dogs

deaf tar ears to the howling,
leaves with green lips
that kiss the pale moon;
sleep walking incest in search of prey,
ancestral sacrifice to appease the goddesses,
and the craving of the predators.
It's the night of red menstruation
and blue-bricked roads
that corral the black sin of the night;
on the beach, the waves eat the walls
and in the city, the white powder swallows the children
that hide behind their wanting
while they sharpen their pupils
so they may slash the silence of the night
that bleed before the herd of the deaf
and the craving of the predators.
It's the night of red menstruation
and blue-bricked roads
that cling to the black breasts of the night
the white carnivore stalks its prey,
but the girl has no meat to share
and since the odour of her first period did not come
she fills the lack of breasts with cotton
and doesn't permit anyone to touch them,
but attracts all the lascivious stares
that the satanic drunks throw at her.
It's the night of red menstruation
and blue-bricked roads
that enslave the black tears of the night
pathway where the priest hides
to dress with cloth of shadows
invisible to the shinning silver moon.
His black robe full of starry sins
searches for a sheep for his white communion wafer
but is satisfied with the spoils
of the pack of predators.

It's the night of red menstruation
and blue-bricked roads
that take possession of drug dealing places of the night
the pimp dresses up in white
to mix up with the white powder of the moon
his sparkling motorcycle rests upon an altar
covered with the ashes of lent
and in the cathedral a preacher
warns his flock of sheep
that the predator will sit on his throne
on the nights of red menstruation
and blue-bricked roads.
—Erotic Virgins and Lascivious Angels

Pinto la rosa
disfrazo las espinas.
¿A quién engaño?
—Mosaikus, 16 Agosto

> I paint the rose
> I disguise its thorns.
> Who do I deceive?
> —Mosaikus, 16 August

'La lengua de esa enigmática mujer se asomaba entre los barrotes de esmalte blanco de su dentadura perfecta y él la miraba extasiado, como si fuera la misma imagen de la Santísima Virgen María hablándole. Aquella mágica voz emitió unas palabras que le tranquilizaron'.

—Semillas Amargas Tras la esperanza del oro negro

'The tongue of this enigmatic woman peeked from between the white enamelled bars of her perfect teeth, and he looked at her in ecstasy, as if she were the Blessed Virgin Mary who was speaking to him. Her magical voice showered words which bestowed peace on him.'

—Bitter Seeds The Quest for the Black Gold

Virgen de la Maga Africana / Virgin of the African Maga

'…una virgen con estigmatas producto de la crucifixión a la que todas las mujeres se enfrentan por el mero hecho de nacer mujeres'.

—Vírgenes

'…a virgin with stigmata, product of the crucifixion that all women face by the mere fact of being born female.'

—Virgins

Eres mi secreto,
la que suelta las amarras
de mi remordimiento,
locura de una noche de pasión roja
que se desborda
hinchada de pecado
y me habla con su lengua

resplandeciente de estrellas.
Eres la nube
cuya sombra me acecha
para llenar mi cuerpo de oscuros deseos,
sin ponerme un dedo encima
a la vez que lo empapa
con un diluvio de proporciones bíblicas
reventando de deseos lujuriosos
mientras esperamos exhaustos
a que sequen los campos
para comenzar a sembrar
rosas y espinas.
Eres mi secreto,
una sábana que arde de pasión
que enciende mis deseos
que solo el sudor de tu cuerpo,
puede apagar
que me convierte
en crecido río
que cubre tu cuerpo
y desemboca en tu insaciable mar.
—Vírgenes eróticas y ángeles lascivos

You are my secret,
the one that unties the ropes
of my guilty conscience,
madness of a night of red passion
that breaks its banks
swelled up with sin
and speaks to me with a tongue
sparkling with stars.
You are the cloud

whose shadow lies in wait for me
to fill my body with dark desires,
without even touching me with a finger
while drenching it
with a downpour of biblical proportions
bursting with lustful desires
while exhausted we wait
for the fields to dry up
so we may start planting
roses and thorns.
You are my secret,
a sheet that burns with passion
that kindles my lust
that only the sweat of your body
can extinguish,
that turns me
into an overflowing river
that envelops your body
and flows into your insatiable sea.
—Erotic Virgins and Lascivious Angels

Perla nocturna
el cielo es tu concha
luna de nácar.
—Mosaikus, 15 Febrero

Nocturnal pearl
heaven is your conch
mother-of-pearl moon.
—Mosaikus, 15 February

'Los pantalones de Alessandro cayeron al suelo, como si en los bolsillos cargara la urgencia de plomo de un semental que se yergue valiente frente a la debilitada pared de una represa a punto de vaciar sus aguas con reprimida violencia. Marula tomó un frasco con aceite de verbena y le santificó las manos. Como un lazarillo, las guió al punto de partida donde comenzaría la peregrinación que sus dedos harían para regodearse en cada rincón del Serengeti africano que se ofrendaba ante él'.

—Semillas Amargas Tras la esperanza del oro negro

'Alessandro's pants fell to the floor with a thud, as if he were carrying in his pockets the leaden urgency of a stud valiantly facing the weakened wall of a dam about to burst with the violence of repressed lust. Marula reached for a flask of vervain oil and sanctified his hands with it. She guided them to the genesis of his pilgrimage which would take him to that African Serengeti which opened before him.'

—Bitter Seeds The Quest for the Black Gold

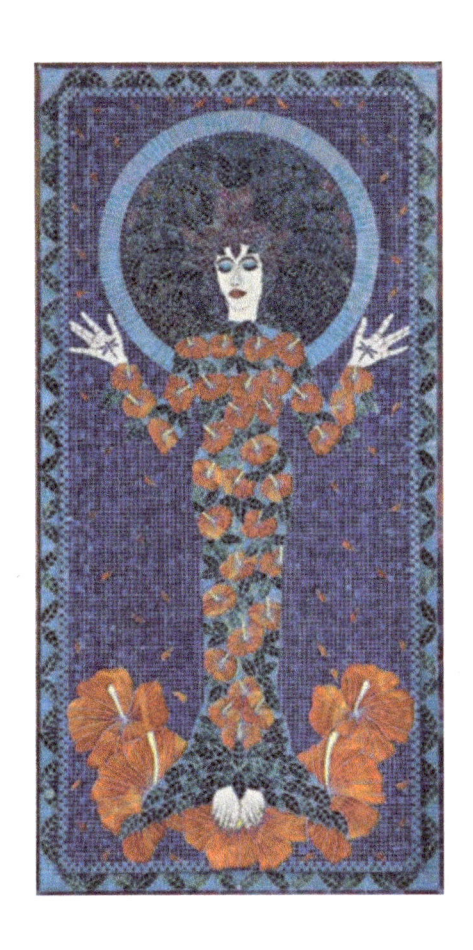

Virgen de la Amapola / Virgin of the Hibiscus
La niña de traje blanco almidonado
tiene la luz de la luna aferrada a sus cabellos trenzados
con sus zapatos hechos de piel de manzana
pisa la cabeza de las serpientes
que quieren adueñarse de su jardín.
Recitan sus cantos gregorianos
mientras ella se columpia de una llanta
que pende de las sogas
con que su padre fue ahorcado.
La niña se mece como si buscara entrar en el cielo
y con cada subida patea la luna
hasta romperla en pedazos
dejando así la noche a oscuras.
La niña de traje blanco almidonado

ya no tiene la luz de Selena aferrada a su cabello trenzado;
su padrastro la hizo sangrar.
La niña perdió su inocencia
y su madre perdió la paciencia.
Ahora la niña duerme en el fondo de un estanque
cuya agua fría viste su cuerpo desnudo
con el color azul del cielo
que parece ahogarse en el mar.
Cuentan que de noche se ve
el solitario traje blanco almidonado
meciéndose en la llanta
en compañía de la luna
mientras las serpientes,
ahora dueñas del jardín,
recitan sus cantos gregorianos.
—Vírgenes eróticas y ángeles lascivos

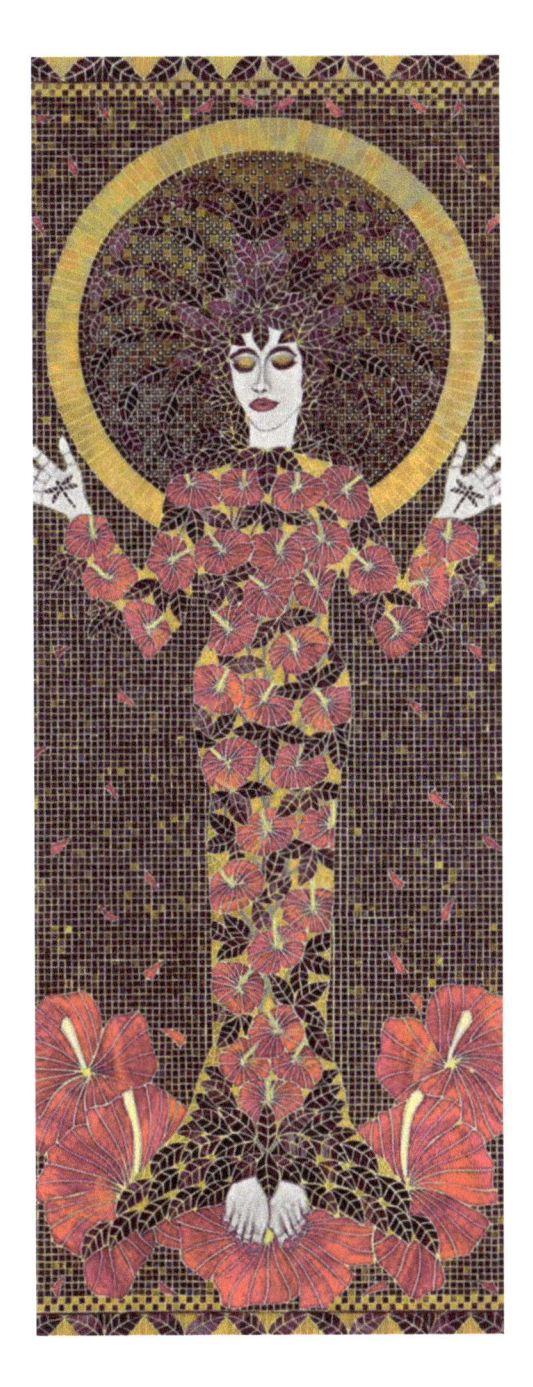

The child with the starched white dress
has the moon's glow clinging to her braided hair
with her shoes made of apple skins
she steps on the head of the serpent
that want to take over her garden.

They recite their Gregorian chants
while she swings from a tyre
that hangs from the rope
with which her father was hung.
The child swings as if she wanted to enter into heaven
and with every upward motion, she kicks the moon
until she shatters it into pieces
thus leaving the night in darkness.
The child with the white starched dress
has no more of Selene's glow clinging to her braided hair;
her stepfather made her bleed.
The child lost her innocence
and her mother lost her patience.
The child now sleeps at the bottom of a pond
whose cold water dresses her naked body
with the colour blue of the heavens
which seems to drown in the sea.
It has been said that at night you can see
the solitary starched white dress
swinging from the tyre
in the company of the moon
while the serpents,
now owners of the garden,
recite their Gregorian chants.
—Erotic Virgins and Lascivious Angels

El sacrificio
no es sacrificio
cuando hay amor.
—Mosaikus, 31 Julio

Sacrifice
is never a sacrifice
when there is love.
—Mosaikus, 31 July

'El suave batir de las alas de aquella mujer apagó la vela. De su cuerpo emanó un aura de luz, tenue, casi imperceptible a la vista, pero que Alessandro pudo captar con su ojo derecho, el de las visiones. Contrario a otras veces, no sintió que tenía un episodio de alucinaciones. La mujer se llevó las manos al pecho como si fuese a rezar y Alessandro pudo percibir cuando sus alas se encendieron como unos vitrales góticos iluminados por el radiante sol de un amanecer'.

—Semillas Amargas Tras la esperanza del oro negro

'The soft fluttering of her wings snuffed the flame. An aura seemed to emanate from her body, dim, almost imperceptible to the eye, but which Alessandro was able to grasp with his right eye, the eye of his visions. But unlike other events, this time he did not feel he was hallucinating. The young woman drew her hands to her chest as if in prayer, and Alessandro perceived when her wings ignited with magnificent colours like a gothic stained-glass when illuminated by the sun's rays at daybreak.'

—Bitter Seeds The Quest for the Black Gold

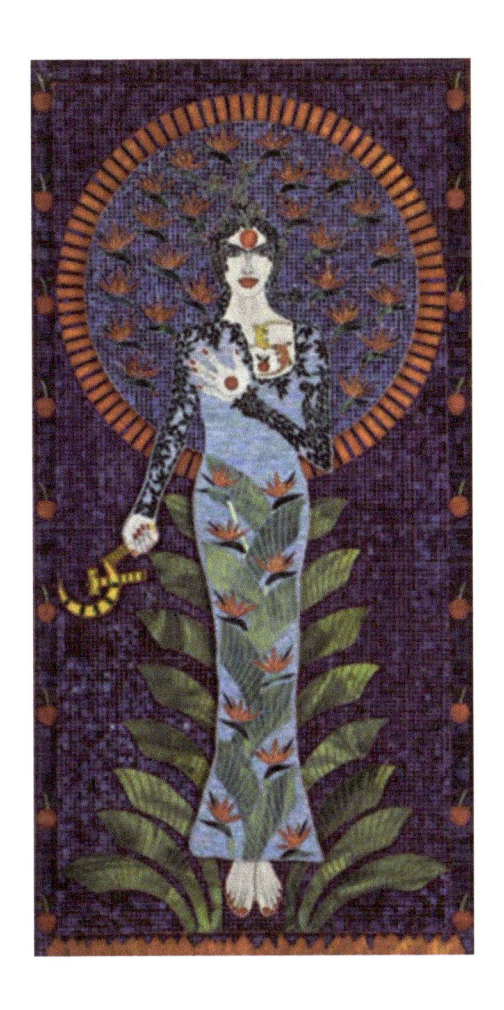

Virgen del Ave de Paraíso / Virgin of the Bird of Paradise

'...la Virgen del Ave de Paraíso, que, aunque cubre su sexualidad, no puede evadirla ni evitarla, mientras que su mano derecha afirma el espacio en la vida política...'

—Vírgenes

'...the Virgin of the Bird of Paradise, who, though covering her sexuality, is not able to evade nor avoid it, while her right hand affirms her space in political life...'

—Virgins

Te acecho
con la premura de un navío
cuyas entrepiernas hinchadas de blancas perlas
lucha contra olas y viento
por no naufragar
y en busca de un atracadero seguro
para vaciar su lujuria
hasta desvanecernos conscientes
en la eternidad de un nuevo comienzo.
Me esperas
con la ansiedad de una flor

cuyos pétalos rojos se abren y caen
en una humedad de un sueño que no termina
esperando que tus labios color rosa se deshojen
para mostrarme los deseos de tu corazón.
Te acecho
con la determinación de una caravana en el desierto
cuyo cargamento son fardos de lujuria
y cuya sed crece con saña
buscando la humedad de tu boca
que se pierde sobre el desierto de la ilusión
mientras sacias mi apetito en el espejismo de tus anhelos.
Me esperas
con la ansiedad de barro sediento de agua
que solo un diluvio de pasión puede restituir
bajo el calor del sol de mis ansias
que te dejen abrumada de cansancio
mientras esperas insaciable
por otro torrente de pasión
que nos deja satisfechos hasta el tuétano.
Te acecho
con el anhelo de una ola
que lleva dentro de sí
todos los océanos del mundo
que recorre el mundo buscando
por el origen de tu playa
hasta cubrirlo de espuma
mientras me lleno de nuevo
de todos los océanos del mundo.
Me esperas
con la ansiedad de una virgen
cuya arena no ha conocido pisadas;
anhela que la ola que llevo dentro de mí
muera de cansancio
sin conocer un comienzo,
sin conocer un final.
—Vírgenes eróticas y ángeles lascivos

I stalk you
with the urgency of a ship
whose crotch swollen with white pearls
struggles against wind and waves
not to capsize
and in search of a safe mooring
to empty its lewdness
till we vanish consciously

in the eternity of a new beginning.
You await me
with the anxiety of a flower
whose red petals open and fall
in the moisture of an unending dream
waiting for your pink lips to defoliate
revealing me the desires of your heart.
I stalk you
with the resolution of a caravan in the desert
whose haul are bundles of lewdness
and whose thirst grows viciously
searching for the moisture of your mouth
that is lost on the desert of illusion
while you satiate my appetite in the mirage of your longing.
You await me
with the anxiety of clay thirsty for water
that only a deluge of passion can quench
under the heat of the sun of my longing
that leave you overwhelmed with weariness
while you wait, insatiable
for another torrent of passion
that leaves us satisfied to the marrow.
I stalk you
with the yearning of a wave
that carries within it
all the oceans of the world
that travels the world looking for
the origin of your beach
till its covered with foam
while I am full again
with all the oceans of the world.
You await me
with the anxiety of a virgin
whose sands have never known footsteps;
wishes that the wave I carry within me
perishes of exhaustion

knowing no beginning,
knowing no end.
—Erotic Virgins and Lascivious Angels

Detrás del árbol
se llena la luna de
rojas manzanas.
—Mosaikus, 3 Febrero

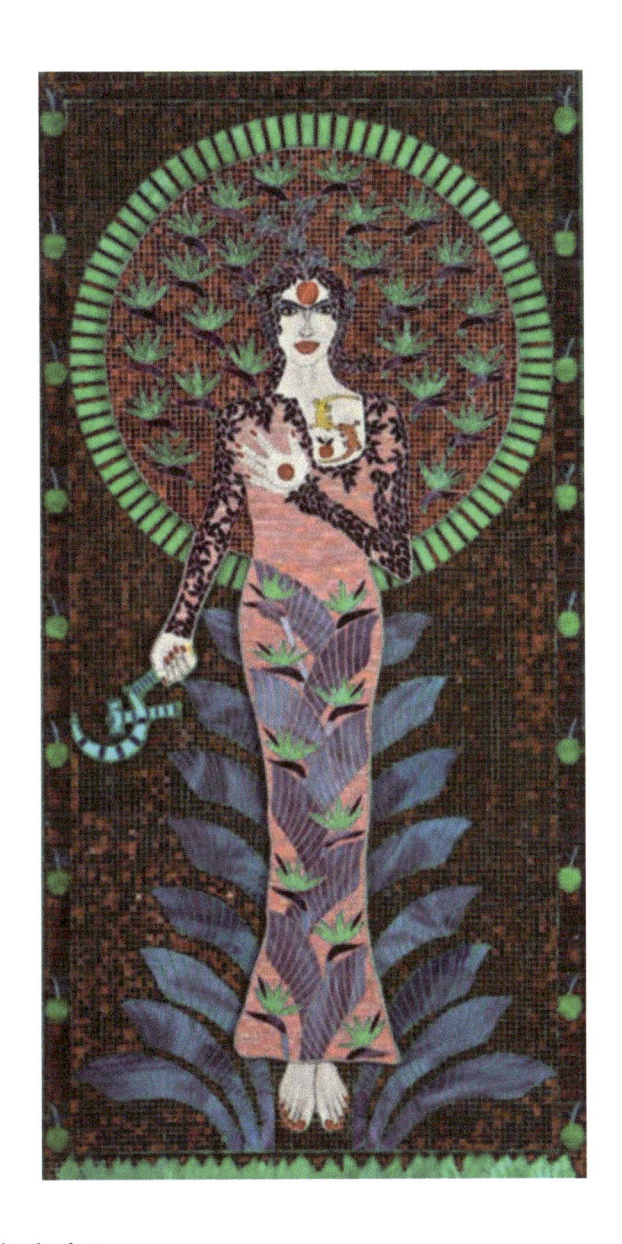

Behind the lush tree
the full moon sparkles and gleams
full of red apples.
—Mosaikus, 3 February

'Caminaba hacia su domicilio, el Palazzo Ferraioli, cuando vio a un joven como de veintidós años de edad […] Estaba dándole una paliza a una muchacha que llamó poderosamente su atención. Las súplicas de esa mujer por los malos tratos que recibía de su acompañante, despertaron tal furia en Marcello que a pesar de saber las consecuencias de intervenir con la 'mercancía' de los Lamboglio, se atrevió a hacerle frente al malandrín'.

—Semillas Amargas Tras la esperanza del oro negro

'Just as he was nearing his residence, Palazzo Ferraioli, he heard screams and noticed a young man about twenty-two years old […] He was beating a woman on a side street, which caught his attention. Her pitiful voice begging the man to stop awoke such anger in Marcello that, forgetting the consequences of intervening with Lamboglio 'merchandise', he confronted the hoodlum.'
—Bitter Seeds The Quest for the Black Gold

Virgen del Mangle / Virgin of the Mangrove

'…la Virgen del Mangle, protegiendo a los seres vivientes, simbolizados por una esfera y en su interior una libélula, mientras que sus raíces representan a la Madre Tierra…'

—Vírgenes

'…the Virgin of the Mangrove, protecting living creatures, symbolised by a sphere and in its interior a dragonfly, while her roots represent Mother Earth…'

—Virgins

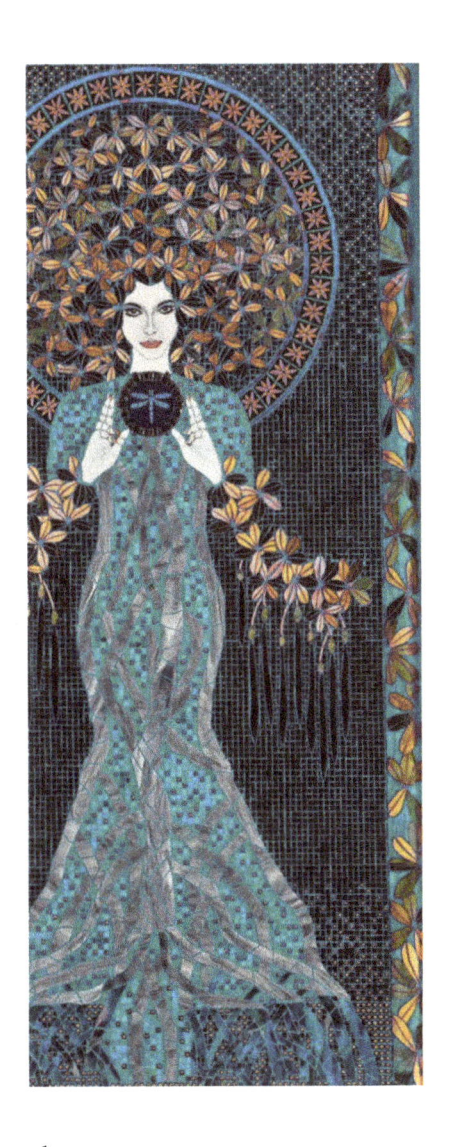

Envuélveme con tu lengua,
sábana roja que me regala
la oscura humedad de tu boca
donde nado prisionero de tus antojos.
Atrápame con tus labios,
tras sus barrotes carnales que me roban la libertad
mientras cumplo mi condena en tu boca
sin poder recorrer el resto de tu cuerpo.
Delimítame con tus labios,
la frontera de los caprichos de mi carne

donde tú comienzas y yo termino
donde tú terminas y yo comienzo
de quien eres y quien soy
que no me permite transitar
del norte de tu boca
al sur de tu sexo.
Castígame con tus labios,
río desbordante que recorre mi cuerpo
ajeno a aquello que necesito
y que una vez saciado ese deseo
como aguas usadas, me vomita al mar.
—Vírgenes eróticas y ángeles lascivos

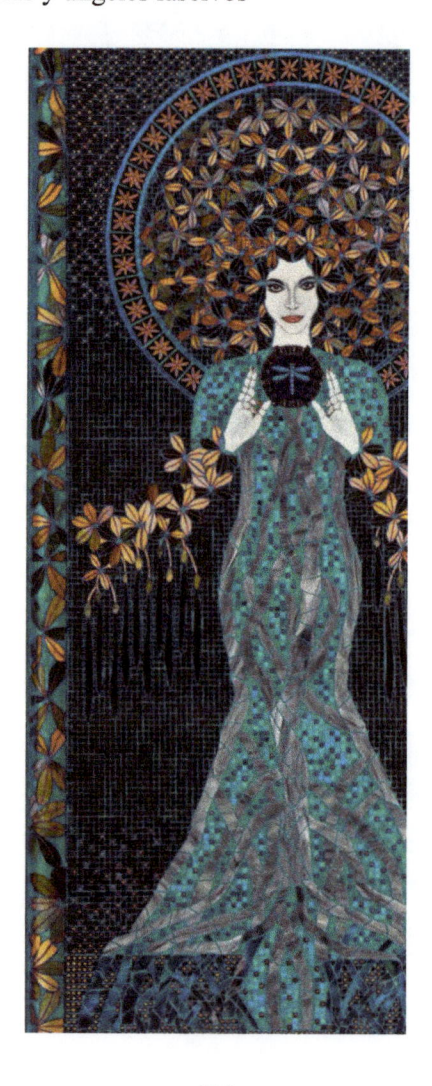

Engulf me with your tongue
red sheet that gifts me
the dark moisture of your mouth
where I swim prisoner of your whims.
Trap me with your lips
behind the iron bars that rob me of my liberty
while I pay my dues within your mouth
without being able to travel the rest of your body.
Delimit with your lips
the frontier of the whims of my flesh
where you commence and I end
where you end and I commence
of who I am and who you are
that does not allow me to transit
from the north of your mouth
to the south of your sex.
Punish me with your lips,
overflowing river that travels my body
oblivious to that which I need
and once that desire is satiated
like used waters, it vomits me to the sea.
—Erotic Virgins and Lascivious Angels

Diosas aladas
de frágil encarnación
las libélulas.
—Mosaikus, 8 Mayo

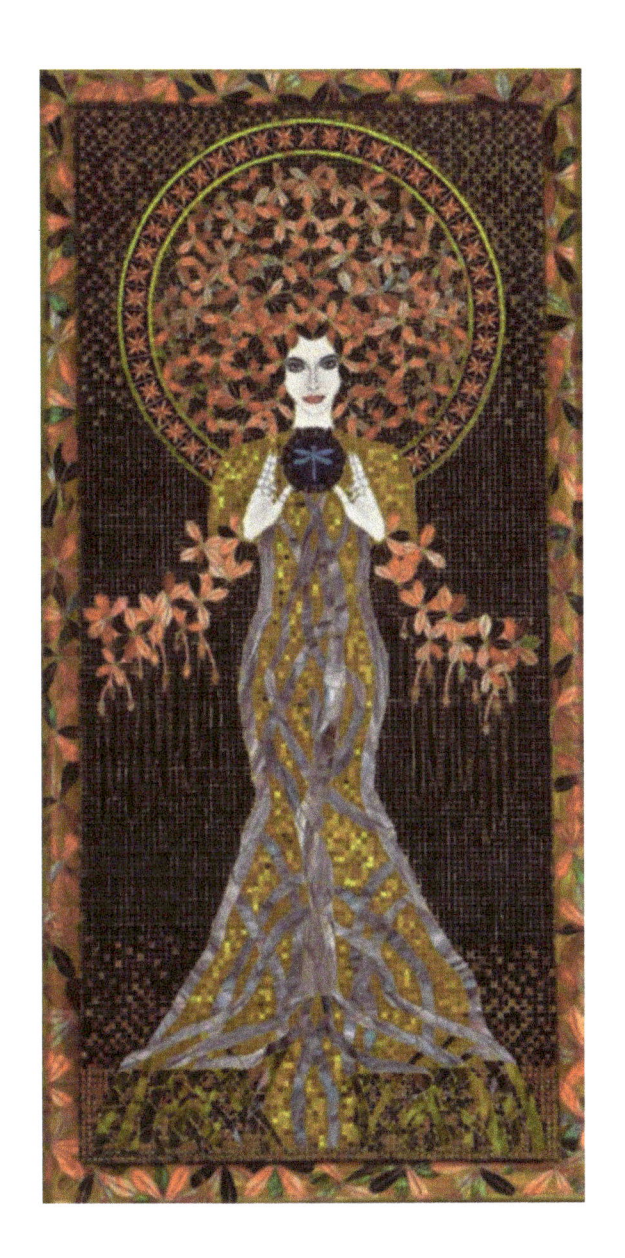

Winged goddesses
of fragile incarnation
the dragonflies.
—Mosaikus, 8 May

'Todo detalle le recordaba a esa joven. [...]Ansiaba entender por qué lo único que hacía dormido o despierto era evocar la imagen de aquella muchacha, y repetirse a cada momento lo que el gran poeta le había escrito a su amada:

Yo nací para quererte[1]

Mi alma te ha cortado a su medida

Por hábito del alma misma te quiero.

Interesaba que alguien le explicara ese sentimiento de optimismo que se había posado sobre él [...] Aquella incandescencia permeaba todo su cuerpo. Caminaba con ella a todas partes. Estaba convencido de que su fulgurante cuerpo delataba sus sentimientos a cada paso'.

—Semillas Amargas Tras la esperanza del oro negro

'Everything reminded him of that young woman. […] He longed to understand why, during waking hours as well as while asleep, all he was able to do was dream about her and reminisce on what the great poet had written to his beloved:

I was born to love you

My soul has fitted you to it.

I love you out of the habit of my soul.

He needed someone to explain to him this optimistic feeling which had overcome him […] That incandescence that permeated his body. He carried it with him everywhere. He was sure that his blazing body betrayed his feelings at every step.'

—Bitter Seeds The Quest for the Black Gold

Virgen del Flamboyán / Virgin of the Flamboyant

'Y así vemos a la Virgen del Flamboyán, haciendo un balance con dos esferas de los roles que exige que desempeñe como madre y como mujer trabajadora…'

—Vírgenes

'And this is how we appreciate the Virgin of the Flamboyant, balancing two spheres which symbolise the roles expected of her: mother and working woman…'

—Virgins

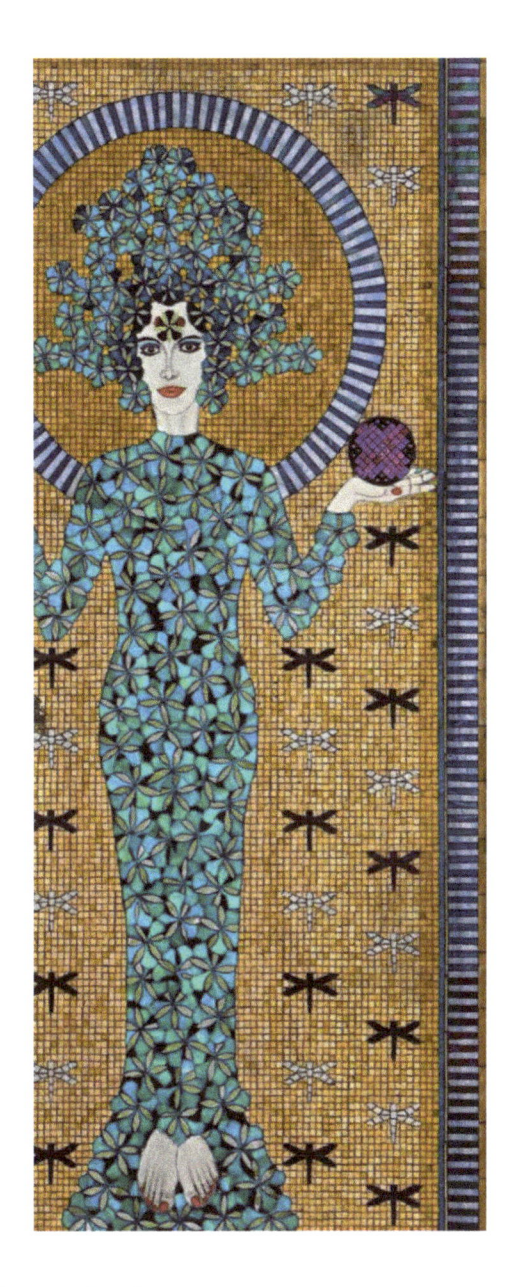

Mañana puedes ser el océano
que se refleja en la desnudez azul del cielo,
o puedes ser el cielo que se desnuda
seducido por el movimiento sensual de las olas.
Mañana puedes ser la flor
que se lanza desde la corona del árbol
para liberar su fragancia

o puedes ser la fragancia que me incita
a devorar los labios de tu flor.
Pero esta noche mientras cabalgas
sobre mi cuerpo desbordado
solo te pido que seas tú.
—Vírgenes eróticas y ángeles lascivos

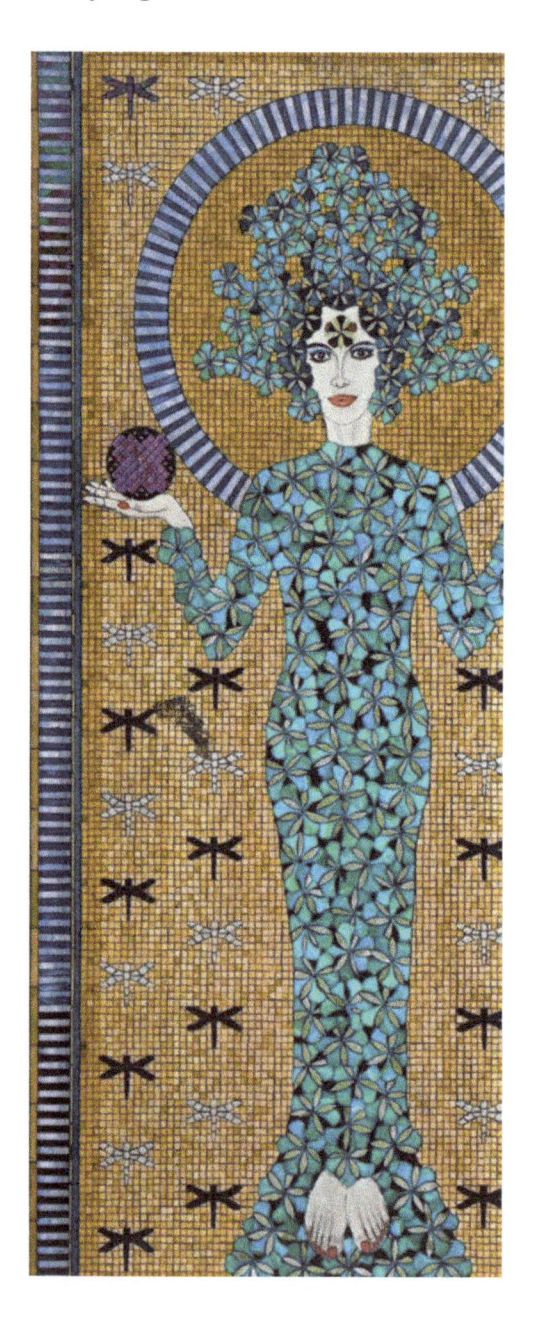

Tomorrow you may be the ocean
that reflects itself in the blue nakedness of the heavens
or you can be the heavens that strip naked
seduced by the sensual movement of the waves.
Tomorrow you can be the flower
that throws itself from the canopy of a tree
to liberate its fragrance,
or you can be the fragrance that incites me
to devour the lips of your flower.
But tonight, while you gallop
above my overflowing body
I only ask that you be yourself.
—Erotic Virgins and Lascivious Angels

Pintan la luna
con sus doradas alas
las libélulas.
—Mosaikus, 6 Mayo

Painting the moon
with gilded wings,
the dragonflies.
—Mosaikus, 6 May

'Yemayá conocía muy bien las intenciones de Olokún, a quien ella misma había instaurado como dios de su salado imperio, de modo que cada día se aseguraba de que las tres riadas africanas que se vaciaban en su acuoso reino —Oyá, diosa del río Niger; Oxún, diosa del río Oxún; y Obá, diosa del río Obá— arroparan con sus dulces cuerpos los fulgurantes rayos de su adorador, para que le hidrataran y le llenaran de vida. Una vez comprobaba que Orún había sido saciado por la humedad que descendía de los cuerpos de las tres diosas, Yemayá, gozosa del poder de la creación, lo acompañaba en su peregrinaje'.

—Semillas Amargas Tras la esperanza del oro negro

'Yemaya was aware of Olokun's intentions, as she herself had installed him as the god of her salty empire so that each day she made sure that the three African riverlets which flowed into her acuous empire—Oya, goddess of the Niger river; Oxun, goddess of the Oxun river; and Oba, goddess of the Oba river—wrapped their sweet bodies around the incandescent rays of their worshipper to hydrate him and fill him with life. Once she was sure that Orun had been satiated by the wetness that emanated from the bodies of the three goddesses, Yemaya, excitedly aware of the power of creation, would then accompany him on his pilgrimage.'

—Bitter Seeds The Quest for the Black Gold

Virgen del Anturio / Virgin of the Anthurium

'Así, mi obra presenta esa idea: mujer proveniente de mujer; mujer dadora de vida; mujer que es todas las mujeres; mujer única y múltiple'.

—Vírgenes

'And thus, my work encompasses this idea: woman brought forth by woman; woman as giver of life; woman who represents all women; unique and multiple woman.'

—Virgins

Como barco que rema contra la corriente,
con las manos que se rinden
que zarpan hacia el amenazante mar
que contiene la sal
que cura tus sangrantes sueños
cada vez que te cortas
cuando duermes
sobre el filo de la luna.
Como barco que rema contra la corriente
temeroso de caer del borde del mar

en busca de la sagrada espuma
cuya blancura se refleja en tu alma
cuando duermes
sobre las pecaminosas sábanas
que transformadas en velas
nos llevaran
al Mar de lo Prohibido
mientras te duermes
con la canción de cuna de mis olas.
—Vírgenes eróticas y ángeles lascivos

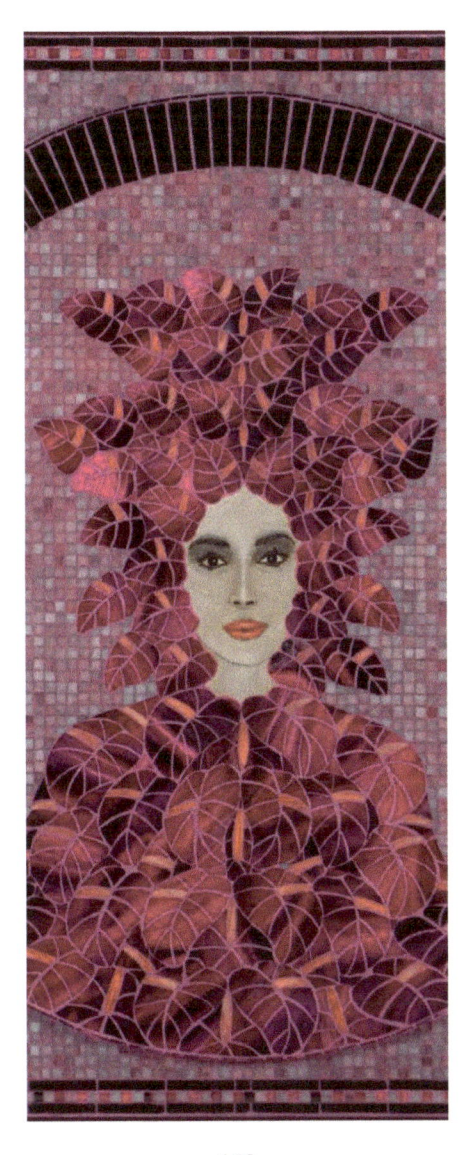

Like a boat that rows against the current
with hands that surrender
that set sail towards the menacing sea
that contains the salt
that heals your bleeding dreams
every time you cut yourself
when you sleep
on the edge of the moon.
Like a boat that rows against the current
fearful of falling off the edge of the sea
in search of the holy froth
whose whiteness is reflected in your soul
when you sleep
on the sinful sheets
that transformed into sails
will take us
to the Sea of the Forbidden
while you fall asleep
with the lullaby of my waves.
—Erotic Virgins and Lascivious Angels

No se despiden
las hojas que regresan
a sus raíces.
—Mosaikus, 20 Marzo

Never a farewell...
as they return to their roots
the autumnal leaves.
—Mosaikus, 20 March

'Sin que ambos se dieran cuenta, aquella convivencia comenzaba a dar vida y a nutrir las raíces del árbol que Marcello juró que jamás volvería a crecer en su corazón. Para Emanuella, quien no había conocido cariño de ninguna clase, aquella coexistencia humedeció la dulce semilla que la naturaleza había sembrado en su pecho. Se despertó en ella una sensación que nunca había experimentado con un hombre: la confianza. […] Lo que comenzó como un acto noble —el de un padre que protege a su hija de los embaucadores de la calle— se transformó en una amalgama extraña de sentimientos libidinosos. No era consciente de la ebullición que se desarrollaba en el espacio camaleónico de su mente, donde convivían los vicios y las virtudes en un mosaico de colores tan enrevesado que le hacía imposible definir lo que sentía por Emanuella'.

—Semillas Amargas Tras la esperanza del oro negro

'Unbeknownst to them, that living arrangement was germinating life and nourishing the roots of the tree that Marcello had sworn would never grow in his heart again. For Emanuella, who had never received any kindness, this coexistence watered the sweet seed that nature had planted in her heart. For the first time, she was experiencing a feeling she had never felt towards any man: trust. [...] What had begun as a noble act—a father protecting his daughter from street tricksters—transformed itself into a strange amalgam of libidinous and titillating feelings. He was not aware of the ebullition which was taking over his chameleonic mind, where vice and virtue were so intertwined that it was impossible to sort out his feelings for Emanuella.'

—Bitter Seeds The Quest for the Black Gold

Virgen de la Trinitaria / Virgin of the Bougainvillea
'Esa mano fabulosa pertenece a la primera madre, la Madre Diosa, dadora y vehículo de la vida'.

—Vírgenes

'That fabulous hand belongs to the first mother, the Mother Goddess, giver and vehicle of life.'

—Virgins

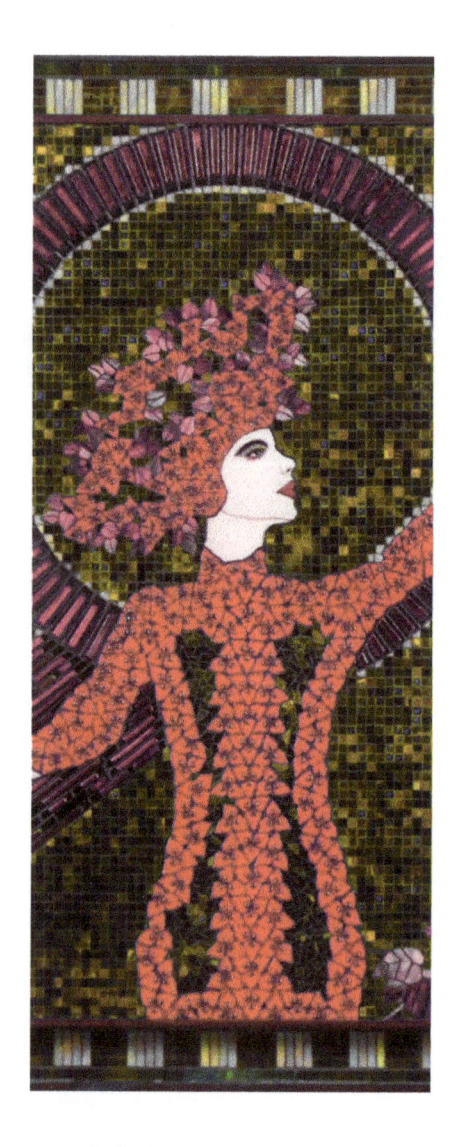

Nadaré por tus sueños sin beber de sus aguas
en la humedad de la noche que ya se marchita
cuando la sangre se arremolina en tu sonrisa vertical
me adueño de tu cuerpo
y tú te adueñas del mío
en perfecta sincronización,
yo con mis manos abiertas y las piernas cerradas;
tú, con tus manos cerradas y las piernas abiertas.
Mojaré tus sábanas de hilo embrujado
para nadar como un pez

mientras espero que la luna beba del mar
y la marea baja se despierte enamorada
y mi entrepierna ascienda hasta tu entrepierna
y tu entrepierna descienda hasta mi entrepierna.
Te tocaré sin romper la superficie de tu lago
mientras los colores del arcoíris se derriten
y pinto con mi lengua
las delicias que más deseo de tu cuerpo,
en el rítmico ir y venir del orgasmo de las olas.
—Vírgenes eróticas y ángeles lascivos

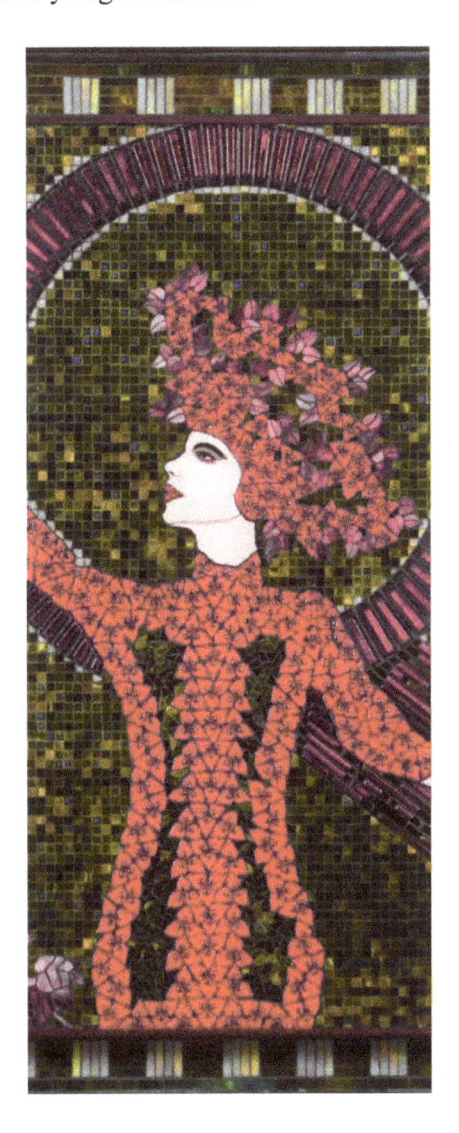

I will swim through your dreams without drinking its waters
in the dew of the night that withers
when the blood mills about your vertical smile
I take possession of your body
and you take possession of mine
in perfect synchrony
I with my hands open and my legs closed
you with your hands closed and your legs wide apart.
I will wet your sheets of bewitched threads
to swim like a fish
while I wait for the moon to drink from the sea
and the low tide awakens in love
and my crotch goes up to your crotch
and your crotch descends to my crotch.
I will touch you without breaking the surface of your lake
while the colours of the rainbow melt
and I paint with my tongue
the delicacies I most desire from your body
in the rhythmical back and forth of the waves' orgasms.
—Erotic Virgins and Lascivious Angels

Es el follaje
que nutre nuestros ojos
sosiego verde.
—Mosaikus, 28 Enero

> It is the earth's foliage
> which feeds our eyes
> with a calming green.
> —Mosaikus, 28 January

'Como si su piel fuera un pedazo desprendido de la superficie del sol, de su semblante polvoreado de cobre molido emanaban destellos dorados que de algún modo inexplicable le comunicaban que en esa mujer habitaba un espíritu vertical, pero a la vez amoroso y compasivo, dos de las principales virtudes que él descubriría que ella poseía. Sus labios eran como un rojizo acantilado, donde en un atardecer cualquiera podría desplegar las alas un ibis sagrado […] Sus ojos, como zafiros negros sobre una montura de oro blanco, eran capaces de clavarse en el alma de cualquier mortal y encontrar allí el más exiguo reducto de humanidad que estaba convencida que existía en todo hombre, por más maldad que llevara en su alma'.

—Semillas Amargas Tras la esperanza del oro negro

'As if her skin was a piece taken from the surface of the sun, rich golden highlights emanated from her copper-dusted complexion. For some reason, these attributes seemed to ascertain that this woman possessed a vertical spirit which was at the same time compassionate and loving, two of the main virtues that he would discover in time. Her lips were like russet cliffs where at any given moment one could observe a sacred ibis unfold its wings […] Her eyes, like black sapphires mounted on a frame of white gold, could pierce the soul of any mortal and be able to find the scantiest human quality which she was sure every man possessed, no matter how evil his soul.'

—Bitter Seeds The Quest for the Black Gold

Virgen del Lirio Cala / Virgin of the Calla Lily

'…regresé a encontrarme con mi madre, quien me recibió con un beso. Luego, me cargó en sus brazos y me arrulló con una nana y un delicioso olor a manzana'.

—Vírgenes

'…I went back to meet my mother, who welcomed me with a kiss. Then, she picked me up in her arms, and she lulled me with a lullaby and a delicious scent of apples.'

—Virgins

Recuesto mi aliento desesperado
sobre las nubes blancas de tu pecho
que cubren la inocencia de tus lunas nuevas
para mamar la luz de su leche.
Escalo con mis ásperas manos
el espacio blanco y escarpado de tus muslos solitarios
para saborear tus purpúreos anhelos
que escondes en tu sonrisa vertical.
Arropo con el trigo que cosecho
toda la extensión de tu piel arada
para degustar el pan que has horneado
con la harina que molemos en nuestra cama.

Dibujo con el carbón de mis ojos
tu totalidad, vertical y horizontal
las latitudes y longitudes de tu existencia
para recorrer la geografía de tu cuerpo.
Plasmo sobre el cielo de tu noche
tu cuerpo lleno de estrellas
para navegarlo con el barco de mis manos
como marinero que conoce su destino.
Recuesto, escalo, arropo, dibujo
plasmo todo lo que eres para mí
y aún no empiezo a quererte.
—Vírgenes eróticas y ángeles lascivos

I lay my desperate breath
over the white clouds of your chest
which cover the innocence of your new moons
so I may suckle the light of their milk.
I escalate with my rough hands
the white and steep space of your solitary thighs
so I may taste your purple desires
that you hide in your vertical smile.
I clothe with the wheat that I harvest
the full extension of your plowed skin
to savour the bread you have baked
with the flour which we grind in our bed.
I draw with the charcoal of my eyes
your totality, vertically and horizontally
the latitudes and longitudes of your existence
so I may travel the geography of your body.
I sculpt on the heaven of your night
your star filled body
so I may sail it with the ship of my hands
like a sailor who knows his destination.
I lay, scale, clothe, draw,
sculpt all that you are to me
and still haven't begun to love you.
—Erotic Virgins and Lascivious Angels

Son las lágrimas
océanos de amor
que nunca secan.
—Mosaikus, 24 Julio

Tears
are oceans of love
that never dry.
—Mosaikus, 24 July

'Levantó una vez más los ojos y su mirada se abrazó a las pupilas de quien se merecía su afecto, convencido de que abierta ya la toma de su corazón, mientras este palpitara por ella, su amor nunca dejaría de ser. Volvió el versículo a su mente: 'Si no tengo amor nada soy: si no tengo amor de nada me sirve…'. Aquellas palabras lo explicaban todo'.

—Semillas Amargas Tras la esperanza del oro negro

'He raised his eyes once more to fix his vision on the pupils of the recipient of his love, convinced that because his heart spouted love unreservedly, she would in turn respond in kind. Once more his mind repeated the verse: 'Without love, I am nothing: without love I am worthless…'. Those simple words explained everything.'

—Bitter Seeds The Quest for the Black Gold

Virgen del Majó / Virgin of the Majo
'Entonces, las dieciocho manzanas restantes comenzaron a transformarse en mujeres cubriendo su desnudez con flores y hojas'.
—Vírgenes
'Then, the remaining eighteen apples began to transform into women, who covered their nakedness with flowers and leaves.'
—Virgins

No me importa ser el beso que rechazas,
pero te ruego que cabalgues, cabalgues, cabalgues
montada sobre los deseos de mi cuerpo
y el egoísmo de tu carne
a piel desnuda, sin aperos,
agarrada de la crin aterciopelada
del caballo desbocado de tu lujuria,

pero te suplico que cabalgues, cabalgues, cabalgues
que mis piernas son tus esclavas
y no me rendiré ante el cansancio.
—Vírgenes eróticas y ángeles lascivos

I don't mind being the kiss that you reject,
but I beg you to ride, ride, ride
mounted on the desires of my body
and the selfishness of your flesh
your naked skin, without riding gear,
clinging to the velvety mane
of the runaway horse of your lust,
but I plead you to gallop, gallop, gallop
because my legs are your slaves
and I will not surrender to exhaustion.
—Erotic Virgins and Lascivious Angels

En la distancia
todo se hace menos,
menos el amor.
—Mosaikus, 21 Julio

At a distance
everything comes to less,
except love.
—Mosaikus, 21 July

'El amor se clavó en su pecho [...] El encuentro de sus ojos con los de Claudia ocurrió al mediodía. [...] La atención del joven quedó eclipsada por la tímida belleza de los ojos de la muchacha. El color incierto del iris de aquellos ojos se proyectó en la mirada del joven [...] El largo cabello satinado de la chica, que le cubría la mitad de la espalda, le pareció un manto de tornasoladas plumas de cuervo'.

—Semillas Amargas Tras la esperanza del oro negro

'Love penetrated his chest […] At midday, his eyes met Claudia's. […] The young man's attention was eclipsed by the timid beauty of this young girl's eyes. The uncertain colour of her iris was reflected in his look […] Her long satin hair, which cascaded down her back seemed like a raven's iridescent feathers.'
—Bitter Seeds The Quest for the Black Gold

Virgen de la Uva Playera / Virgin of the Sea Grape

'Vírgenes es un homenaje a la mujer en un tiempo previo, pasado, pero no olvidado, al final del cual fueron juzgadas e incluso demonizadas para dar paso a un orden social y político en el que rigen los hombres'.

—Vírgenes

'Virgins is a tribute to women and to their existence at some previous time, in the past, but not forgotten, at the end of which they were judged and even demonised to give way to the social and political order where men rule.'

—Virgins

Tu amor devoró con crueldad
la poca cordura que me quedaba
cuando me robé la flor del manzano
que dormía caliente en tu cama
y sabrosa entre tus piernas,
la noche en que te sembré
en el vientre

un árbol lleno de promesas
que le robé al infierno.
Muerte por la horca, me sentenciaste
para que jamás pudiera amarte de nuevo.
Fue entonces que retrasé la salida del sol
para alargar tu placer
y acortar la piel de mis años.
Pero la fachada que construí
empezó a desplomarse
mientras mis brazos,
torciéndose como serpientes,
buscaron la redención que solo se consigue
en el mar de tus engaños.
Poco a poco, letra por letra,
gota por gota,
todos los poemas que te escribí
se comenzaron a despintar.
Desesperado, me atreví a robarle el fuego al sol
para secar mis palabras y tus labios,
y tratando de besarte
una vez más
me olvidé de la maldición que cargo
por ser tu amante.
El fuego me convirtió en cenizas
y a ti te esculpió en mi urna
para que aún después de muertos
estuviéramos juntos por toda la eternidad.
—Vírgenes eróticas y ángeles lascivos

Your love devoured with cruelty
the little sanity I had left
when I stole the flower of the apple tree
that slept warm in your bed

and delicious between your legs
the night I planted
in your womb
a tree full of promises
which I stole from hell.
Death by hanging, you sentenced me
so that I could never love you again.
It was then that I delayed the sunrise
so as to lengthen your pleasure
and shorten the skin of my years.
But the facade I constructed
began to crumble
while my arms,
twisting like snakes,
searched for the redemption that can only be gained
in the sea of your deceits.
Little by little, letter by letter,
drop by drop,
all the poems I had written for you
began to fade.
Desperate, I dared to steal the sun's fire
to dry my words and your lips,
and as I tried to kiss you
one more time
I forgot the curse that I carry
for being your lover.
The fire turned me into ashes
and sculpted you into my urn
so that even after our death
we would be together for all eternity.
—Erotic Virgins and Lascivious Angels

Insaciable soy
degustando tu cuerpo
sueño tras sueño.
—Mosaikus, 27 Julio

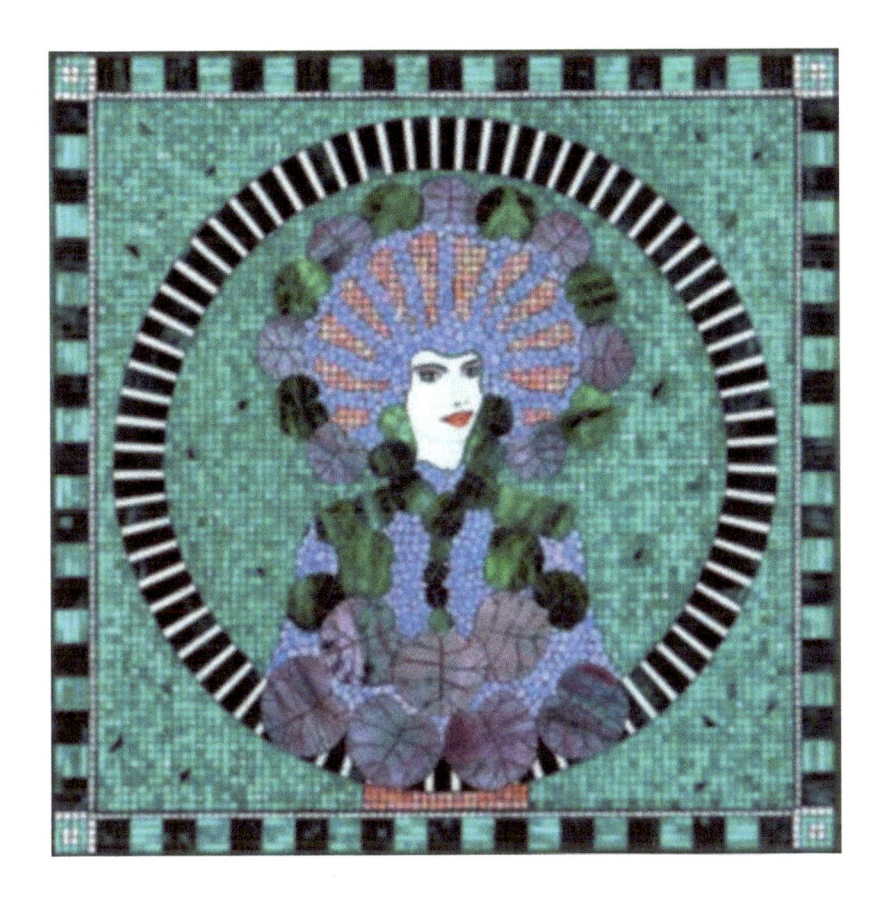

I'm insatiable
savouring your body
dream after dream.
—Mosaikus, 27 July

'Marcello se acercó a la mujer que se encontraba en cuclillas, la ayudó a levantarse y cuando le miró el rostro de cerca se dio cuenta de que estaba frente a una muchacha mucho más joven de lo que a primera vista parecía. A pesar de que era propiedad de los Lamboglio, la infortunada despertó la bondad que el desamor de Claudia había adormecido en Marcello. La irrupción repentina de aquel sentimiento nubló su sano juicio. En lugar de darle un par de liras y dejarla donde la encontró, la convidó a ir con él hasta su piso para curarle las heridas que aquel matón de los Lamboglio le había causado en el pómulo izquierdo'.
—Semillas Amargas Tras la esperanza del oro negro

'Marcello approached the young woman who was kneeling on the ground and helped her up. When he looked closely at her, he realised that she was much younger than what she appeared to be. Even though she was the 'property' of the Lamboglios, this unfortunate girl awakened in him the goodness that Claudia's disaffection had frozen. This sudden awakening of feelings clouded his usual clear judgement. Instead of handing her a couple of liras and leaving her where he found her, he invited her to his apartment in order to cure the lesions on her left cheek that the Lamboglio bully had caused.'
—Bitter Seeds The Quest for the Black Gold

Virgen del Tulipán Africano / Virgin of the African Tulip

'La mujer, no el hombre, surge como centro de la vida y el universo, un concepto sepultado bajo lo que los hombres han desechado como paganismo'.

—Vírgenes

'The woman, not the man, emerges as the centre of life and the universe, a concept buried under what men have discarded as paganism.'

—Virgins

Porque para cada hereje
existe una hoguera
y alguien que la encienda.
Porque detrás de cada soñador

hay una ilusión
y alguien que la destruya.
Porque detrás de cada poeta
existe una verdad
y alguien que la refute.
Quererte cuando estuve loco no fue quererte
porque mi cuerpo ardía en llamas
porque mi mente ardía en llamas
porque mis labios ardían en llamas
mientras el fuego consumía mi amor
con la madera de mis memorias
del árbol de la desilusión
que tú cortaste para leña
para hacer una hoguera
de todo
lo que me habías prometido
y nunca honraste.
—Vírgenes eróticas y ángeles lascivos

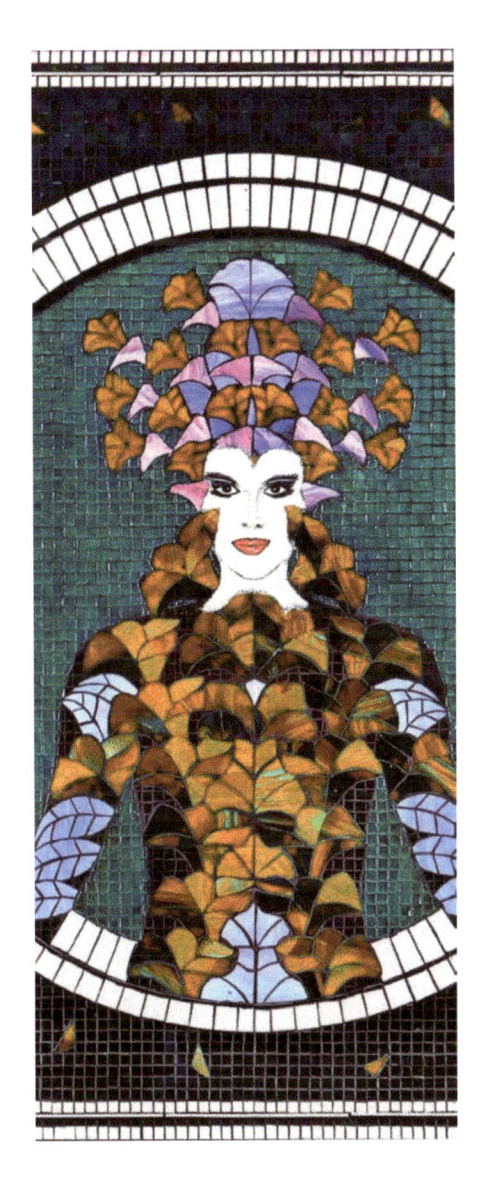

For every heretic
there is a bonfire
and someone to kindle it.
Behind every dreamer
there is an illusion
and someone to destroy it.
Behind every poet
there is a truth
and someone to refute it.

To love you when I was mad, wasn't loving you
because my body burned in flames
because my mind burned in flames
because my lips burned in flames
as the fire consumed my love
with the lumber of my memories,
from the tree of disappointment
which you chopped for firewood
to make a bonfire
of everything
you had promised me
and never honoured.
—Erotic Virgins and Lascivious Angels

Sueños nocturnos
que alumbran los ojos
parecen lunas.
—Mosaikus, Enero 25

A night full of dreams
that illuminate your eyes
look like moons.
—Mosaikus, January 25

'No empece a su trabajo, la joven también se sentía agraciada por su relación con Alessandro, cuyas manos le hablaban de una dignidad que su piel desconocía. La muchacha le agradecía sus gestos con una entrega real, no solo del cuerpo, sino del corazón. Mientras Alessandro la trataba como una prima donna, Marula lo trataba como a un amante y no como a un cliente'.

—Semillas Amargas Tras la esperanza del oro negro

'Notwithstanding her work, the young woman was also grateful for her relationship with Alessandro, whose hands bespoke a dignity which her skin had never known. This woman responded by wholly surrendering to him, not only her body but her heart. While Alessandro treated her as a prima donna, Marula treated him as a lover and not as a client.'
—Bitter Seeds The Quest for the Black Gold

Virgen de la Canaria / Virgin of the Canary

'Vírgenes es la imagen inmaculada: la representación de ese lugar intocado por la violencia de los hombres'.

—Vírgenes

'Virgins is the immaculate image: the representation of that place untouched by the violence of men.'

—Virgins

Eres
aquel pedacito
de luna llena
que se desprende
mientras duermes
en la soledad
de mis ojos

para que en la oscuridad
de la noche
brillen como un faro
para que siempre sepas
donde encontrarme.
—Vírgenes eróticas y ángeles lascivos

You are
that little piece
of full moon
that falls off
while you sleep
in the loneliness
of my eyes
so that in the darkness
of the night
they shine like a beacon
so that you will always know
where to find me.
—Erotic Virgins and Lascivious Angels

Santas palabras…
cincelaré tu nombre
sobre mis labios.
—Mosaikus, 25 Julio

Holy words…
I will carve your name
on my lips.
—Mosaikus, 25 July

'En el oasis de su boca se guardaba la más erótica de sus riquezas, una lengua que refugiada tras un templo de marfíl, era capaz de enloquecer al más sanguinario cazador de elefantes'.

—Semillas Amargas Tras la esperanza del oro negro

'Her mouth was an oasis which hid the most erotic of her treasures: her tongue encased in an ivory temple, which could madden the most sanguinary elephant hunter.'

—Bitter Seeds The Quest for the Black Gold

Unas Palabras De Cierre

ENTRE EL DESTELLO FULGURANTE Y LA FASCINACIÓN ALUCINANTE DE LA IMAGEN ALGUNAS NOTAS A PROPÓSITO DE LAS 'VÍRGENES' DE EDDIE FERRAIOLI

Cuando Walter Benjamin emprendía en las primeras décadas del siglo XX la inaudita tarea de rescatar en las imágenes de las producciones artísticas el poder fulgurante de sus trazos, el centelleo anacrónico de su poder evocador y sobre todo el estallido mnemotécnico de su poder evocador, no hacía más que rescatarlas de la simpleza imitativa con las que recurrentemente se les miraba, para poner de manifiesto la potencia subversiva que permanece tantas veces latente en sus presencias inquietantes. Y cuando, en la actualidad, Georges Didi-Huberman convierte esta mirada benjaminiana en el punto de partida para proponer una historia anacrónica del arte, lo hace para (de)mostrar cómo la actualidad de una imagen, de un material, de una alegoría o, incluso, de una técnica puede tener como sus 'contemporáneos' a obras, artistas y movimientos del pasado que trasegaban por caminos similares a los que hoy circundan los territorios del arte.

Obviamente, una tal consideración del arte y de su historia produce cuando menos desconcierto y desasosiego; los mismos que generan ciertas prácticas artísticas que, inscritas en el presente de nuestro tiempo, no responden a los 'facilismos' con los cuales se justifican hoy tantas 'obras' que posan de 'actualidad' bajo el pretexto de ser contemporáneas en el espectáculo cada vez más distendido de los circuitos de la cultura.

VÍRGENES, de Eddie Ferraioli, es la muestra palpable de lo que aquí decimos. Las veinte obras-mosaico compuestas con 200,000 fragmentos de cristales pegados; a medio camino entre los "vitrales" medievales, las técnicas renacentistas, las composiciones formales del art decó, las evocaciones de la escuela vienesa, las reminiscencias naturalistas de los paisajes naturales, la reivindicación de las formas femeninas 'nuestras' —es decir, hijas del crisol cultural que terminamos por construir— son la puesta en obra de una poli-cronía de tiempos dispares que confluyen aquí, en esa aparente simplicidad que a más de uno puede desconcertar por su limpieza.

Some Closing Words

Between the radiant brilliance and the hallucinating fascination of the image some observations in regard to the *Virgins* of Eddie Ferraioli

When Walter Benjamin undertook in the first decades of the twentieth century the unprecedented task of rescuing in the images of the artistic productions the radiant power of their strokes, the anachronistic glimmer of their evocative power and, above all, the mnemonic explosion of that bewitching power, all he intended to do was to rescue them from the imitative simplicity with which they were being recurrently gazed upon, in order to reveal the subversive potency that on so many occasions remains latent in their disquieting presence. And when, at present, Georges Didi-Huberman converts this Benjaminian perspective into the starting point of his proposal to create an anachronistic history of art, he does so to demonstrate how the actuality of an image, a material, an allegory or even a technique can have as its "contemporaries" works of art, artists and movements of the past that went through similar paths as those that today surround the different territories of art.

Obviously, such consideration of art and its history can produce in the least confusion and uneasiness; the same feelings that are generated by certain artistic practices that, inscribed in our present time, do not respond to the 'easiness' with which so many 'artworks' are justified nowadays, that pose as 'current' under the pretext of being contemporary in the more than relaxed spectacle of today's cultural scene.

Virgins, by Eddie Ferraioli, is a palpable body of work that emphasises what is exposed in this analysis. The twenty mosaics are composed of over 200,000 pieces of cemented glass; a manifestation that wanders the realm between the medieval 'stained-glass windows,' the Renaissance techniques, the formal compositions of art deco, the evocations of the Viennese school, the naturalistic reminiscences of the landscapes, the vindication of 'our' feminine forms—that is to say, daughters of the cultural crucible that we have constructed—are the execution of a poly-Cronus of disparate times that converge here, in its apparent simplicity that can be disconcerting to more than one by its cleanliness.

Eddie Ferraioli literalmente recrea la tradición de un oficio que parece hoy caduco porque exige el trabajo dispendioso del que esculpe, del que talla, del que compone... es decir, del personaje que en primer lugar ha convertido este 'ars manualis' —del mosaico— en una pasión vital y comprometida con la materia —el cristal fragmentado. Y, en segundo lugar, ha transformado su oficio de 'artista' en la voz contundente de estas mujeres puertorriqueñas: 'Mujeres-Otras', a la vez caribeñas y latinoamericanas, africanas e indígenas, que han sido privadas violentamente de sus cuerpos y de la 'palabra', que en últimas no es más que una forma eufemística para señalar la mutilación de su libertad.

Eddie Ferraioli literally recreates the tradition of a trade that seems outdated today because it requires the laborious work of he who sculpts, who composes... that is, of an artist that in the first place has converted this 'ars manualis'—the mosaic— in a vital passion that is committed to its medium —fragmented glass. And, secondly, he has transformed his profession as an 'artist' into the forceful voice of these Puerto Rican women: 'Women-Others,' who are at the same time Caribbean and Latin American, African and indigenous, who have been violently deprived of their bodies and their 'words,' which in the end is no more than a euphemistic way of pointing out the mutilation of their freedom.

Por eso estas veinte Vírgenes, más mujeres que vírgenes (porque son el alfa y el omega de la vida); más flores que cuerpos (porque son la metáfora de nuestra tierra americana); más símbolos que imágenes (porque son micro historias encarnadas que han sido acalladas por la memoria oficial falocéntrica); son en rigor el pretexto perfecto para exponer, es decir, para exhibir y dejar ver —como lo tiene que hacer toda auténtica obra de arte— la actualidad de nuestra condición humana.

Al fin y al cabo, en el destello fulgurante que producen estas conmovedoras Vírgenes —elaboradas sin concesión alguna a los facilismos de las iconografías evidentes de la violencia y del maltrato—, aparece la fascinación alucinante de una denuncia política, de una reivindicación justa y, sobre todo, de la presencia contundente de la mujer en el espacio de la cultura.

Pareciera como si la mano prodigiosa del maestro Eddie Ferraioli hubiese seguido al pie de la letra las reflexiones de Walter Benjamin y Georges Didi-Huberman para elaborar esta obra tan contundente como sobrecogedora —cosa que a la postre no tiene por qué haber sucedido—, o para completar la paradoja, como si ambos autores europeos hubiesen previsto —o lo que es lo mismo haber visto previamente— estas veinte Vírgenes que configuran una auténtica obra de arte.

—Jairo Montoya G.

Doctor en Filosofía, profesor titular y maestro Universitario de la Universidad Nacional de Colombia, sede Medellín Medellín, diciembre 2018

That is why these twenty 'Virgins,' more women than virgins (because they are the alfa and the omega of life); more flowers than bodies (because they are metaphors of our American land); more symbols than images (because they are the embodiment of micro-histories that have been silenced by the official phallocentric memory); they are, in fact, the perfect pretext to expose, that is, to display and allow to be seen—as every authentic work of art has to do— the present state of our human condition.

In the end, in the brilliant sparkle that these moving Virgins produce—created without any concession to the easiness of the evident iconographies of violence and abuse—there is the hallucinating fascination of a political denunciation, of a just vindication and, above all, of the overwhelming presence of women in the cultural arena.

It seems as if the prodigious hand of Master Eddie Ferraioli had followed literally the reflections of Walter Benjamin and Georges Didi-Huberman to elaborate these works of art as awe-inspiring as it is overwhelming—something that did not need to have happened—or to complete the paradox, as if both

European authors had foreseen—or in the same manner, had seen previously—these twenty Virgins that embody an authentic work of art.

—Jairo Montoya G.
PhD in philosophy, tenured professor and university teacher of the National University of Colombia, Medellín campus
Medellín, December 2018

Biografía

Eddie Ferraioli, natural de Santurce, es egresado de la Universidad de Puerto Rico en Río Piedras, donde obtuvo un bachillerato en Artes con especialización en Psicología. Realizó estudios en vitrales, orfebrería y joyería en la New School for Social Research, y estudios de diseño en Parsons School of Design, ambos en la ciudad de Nueva York. Posee una maestría en Arte de la Universidad de Nueva York.

Sus obras se han exhibido en el Museo de Arte de Ponce, el Museo de Arte de Puerto Rico, el Museo de Arte Contemporáneo y en la Universidad del Sagrado Corazón, así como en las galerías Petrus y Pamil. Recién acaba de finalizar junto a su esposa, Mari, su obra de más envergadura en su larga trayectoria: los setenta vitrales de la Iglesia Stella Maris en El Condado, Puerto Rico.

Ferraioli es considerado uno de los artistas más importantes en el desarrollo del trabajo en cristal en Puerto Rico. La sensibilidad del artista se denota a través del dominio de una pluralidad de técnicas como vitral, mosaico, cristal fundido, pintura, reciclaje de cristal y joyería. Su taller está ubicado en Palmas del Mar, Puerto Rico.

En su faceta como escritor ha publicado tres poemarios: Vírgenes eróticas y ángeles lascivos (Terranova Editores, 2005), Vírgenes (Terranova, 2008) y Mosaikus: Palabras de cristal (Divinas Letras, 2015). También ha escrito cuatro novelas inéditas: Las islas nacen libres, Mansión Georgetti, así como el segundo y tercer volumen de Semillas amargas, su primera novela publicada por Divinas Letras y ganadora del primer lugar a la Mejor Novela de Ficción Histórica en Español del premio The 2018 International Latin Bool Awards.

www.ferraioli.com
ferraioli.eddie@gmail.com
Facebook: Eddie Ferraioli
787-340-6182 / 787-285-2373